Das goldene Buch vom Olivenöl

ERICA BÄNZIGER

Das goldene Buch vom
Olivenöl

Dieses Buch widme ich

dem Lebenskünstler und liebenswürdigen Olivenproduzenten Nicola di Capua und seiner Lebenspartnerin, der Sopranistin Gabriela Bergallo,

Roland Müller von der Frantoio I Massi in Guardistallo,

allen eifrigen und unermüdlichen Olivenölproduzenten, die sich für eine gute und ehrliche Olivenölqualität einsetzen und mit ihrer Arbeit zum Erhalt dieser alten Kultur beitragen,

allen Liebhabern des Olivenöls und der mediterranen Küche,

allen Menschen, die am Tag des Olivenbaums, dem 23. September, Geburtstag feiern.

Erica Bänziger

Sechste, aktualisierte Auflage 2005

© 2001 Edition Fona GmbH, CH-5600 Lenzburg
Gestaltung Umschlag: Dora Eichenberger, Birrwil
Gestaltung Inhalt: Ursula Mötteli, Grafikdesign, Aarau
Foodbilder: Evelyn und Hans-Peter König, Zürich
Stimmungsbilder: Giosanna Crivelli, Montagnola (Seiten 2/3);
Robert Hammel, Wien (Seiten 12, 16, 22, 44, 48, 87);
Evelyn und Hans-Peter König, Zürich (Seiten 17, 23, 24, 27, 30, 32, 34, 114, 120); Ulla Mayer-Raichle, Kempten-Heiligkreuz (Seiten 16/17, 26, 35, 38, 41, 45, 68, 77, 92, 102, 108, 110, 113); Hans Zumkehr, Basel (Seite 20)
Coverbild: Bildagentur Baumann AG, Würenlingen
Lithos: Neue Schwitter AG, Allschwil
Druck und Bindung: Uhl, Radolfzell

ISBN 3-03780-195-6

INHALT

Einführung

Der Olivenbaum
14 Die Königin der Bäume
16 Der Ölbaum – Ein Baumporträt
18 Die Verbreitung des Olivenbaums
20 Die Geschichte des Olivenbaums
22 Botanik

Das Olivenöl
26 Die Produktionsgebiete
28 Von der Frucht zum Öl
31 Die Ölqualität
39 Die Degustation
43 Vom Umgang mit dem guten Tropfen
44 Die Lagerung
45 Die Etikette
46 Die Speiseolive

Olivenrezepte

Salate
50 Austernpilze provençale
50 Toskanischer Brotsalat
52 Fenchel-Carpaccio
52 Süßer Orangensalat «Nicola»
52 Steinpilz-Fenchel-Salat
54 Meeresfrüchtesalat mit Oliven und Rucola
55 Löwenzahnsalat mit Knoblauch-croûtons
55 Griechischer Bauernsalat
56 Mais-Avocado-Salat mit Rucola
56 Sardischer Maissalat mit Feta
59 Französischer Bauernsalat
59 Pikanter Orangen-Oliven-Salat

Antipasti
60 Frischer Ziegenkäse in Olivenöl
60 Crostini mit Tomaten und Rucola
62 Gefüllte Kräuterpilze
62 Austernpilze
63 Auberginenpüree
63 Gebratene Auberginen mit Kräutern
65 Peperonischiffchen mit Avocadocreme
66 Gemüse, Pilze und Salbei im Ausbackteig
68 Spargelomelett
68 Knoblauchzehen in Olivenöl
69 Zucchini-Schafskäse-Röllchen

Hauptgerichte vegetarisch
70 Kartoffelpüree mit Oliven
70 Toskanischer Bohneneintopf
72 Peperonata siciliana
72 Gefüllte Tomaten siciliana
74 Gemüseterrine Napoli
75 Feine Maisschnitten
77 Gefüllte Peperoni
78 Kürbisauflauf provençale
79 Gemüserisotto mit Oliven

Hauptgerichte mit Fleisch oder Fisch/Meeresfrüchten
78 Poulet mit Gemüseragout und Oliven
82 Marinierte Muscheln provençale
85 Gedünsteter Meerwolf
85 Gebackener Seebarsch mit Zitronensauce
87 Seeteufel auf Oliven-Lauch-Gemüse

INHALT

Pasta
- 88 Pasta alle rape
- 91 Nudeln mit Brokkoli und Oliven
- 91 Spaghetti mit Knoblauch und Peperoncini
- 92 Spaghetti mit roher Tomatensauce
- 93 Kastaniennudeln mit Rucola-Morchelsauce

Gebäck
- 94 Würzige Focacce
- 96 Pizza mit Pilzen, Oliven und Rucola
- 97 Lauch-Sprossen-Pizza
- 98 Pizzettas mit Löwenzahn und Parmaschinken
- 99 Toskanischer Spinatkuchen mit Oliven
- 100 Bruschetta
- 100 Mediterrane Muffins
- 102 Sizilianisches Olivenbrot

Dips, Saucen, Pasten, Öl
- 104 Jogurt-Oliven-Dip
- 104 Rohkost mit Oliven-Peperoni-Dip
- 106 Salsa verde
- 106 Zitronensauce
- 107 Peperonisauce
- 108 Thunfischpaste
- 108 Olivenpaste
- 109 Aioli – Knoblauch-Mayonnaise
- 109 Malteser Knoblauchpaste
- 109 Küchenfertiger Knoblauch
- 109 Kräuteröl

Oliven-Naturheilkunde
- 112 Gesundheit und Prävention – gestern und heute
- 117 Die Oliven-Hausapotheke

Anhang
- 121 Stichwortverzeichnis
- 123 Literatur
- 124 Empfehlenswerte Olivenöle

Abkürzungen
EL   Eßlöffel
TL   Teelöffel
dl   Deziliter
ml   Milliliter
g   Gramm
Msp Messerspitze

Wo nicht anders vermerkt, sind die Rezepte für 4 Personen berechnet

Was wäre die mediterrane Küche ohne das Olivenöl?

 Unvorstellbar! Olivenöl ist im ganzen Mittelmeerraum eine der wichtigsten Zutaten. Es ist das Herz der mediterranen Küche und hat damit Weltruf erlangt. Hochwertiges Olivenöl, das heißt solches aus biologischem Anbau der Qualitätsstufe nativ extra, liegt heute mehr denn je im Trend. Spitzenköche, Vollwertköche, Ernährungsfachleute und auch immer mehr Mediziner empfehlen es als gesundes Nahrungsmittel und als Medizin bei vielen gesundheitlichen Beschwerden. Die längst erwartete Renaissance eines der ältesten Naturprodukte hat begonnen.

Der Olivenbaum prägt wie kaum eine andere Kulturpflanze die Landschaft im Mittelmeerraum. Für den Autor eines wunderschönen Olivenbuches ist dieser Fleck Erde «die Wiege der Zivilisation». Denn die Heimat des Olivenbaums, das Mittelmeergebiet, gilt als die Geburtsstätte unserer Zivilisation schlechthin. Ist unsere Sehnsucht nach dem Süden deshalb so groß? Ich jedenfalls fühle mich da zu Hause und bilde mir sogar ein, dort meine Wurzeln zu haben. Nur so kann ich mir erklären, weshalb der Olivenbaum und auch andere Bäume dieser Gegend eine derart große Faszination auf mich ausüben.

Mit diesem Buch möchte ich Unwissende wie Skeptiker für das natürlichste aller Naturprodukte begeistern und gewinnen. Denn hochwertiges Olivenöl ist aus gesundheitlicher und kulinarischer Sicht einfach unverzichtbar.

Ich wünsche Ihnen viele sonnige Stunden und vor allem Gaumenfreuden beim Degustieren und Genießen goldiger Olivenöle.

Erica Bänziger

Der Olivenbaum

Die Königin der Bäume

Die Königin der Bäume

Bei einem Treffen der Bäume sollte die Königin erkürt werden. Unter den ersten Gästen befanden sich die Akazie und die Weide im feinbehangenen Silberkleid. Die Akazie, sie trug ihr pompöses Blütenkleid erst zur Wahlfeier, zwinkerte verschmitzt zur Weide, als auch die Pappel und die Mandel in ihren fast schon verblühten Stickereigewändern erschienen. Die Pinie, alle überragend, fragte nach dem größten Zimmer. Sie könne nicht wie die Zypresse in einem schmalen Turm wohnen, sie brauche Platz und Luft! Die Korkeiche, scheu, alt und knorrig, kam zusammen mit ihrer Schwester, der mächtigen Eiche. Diese war keinesfalls so zurückhaltend wie ihre Schwester, sie fing gleich an zu prahlen und zu protzen: Man müsse sie nur anschauen, dann wisse man, wer die Königin der Bäume werde, keine andere hätte die Kraft und ihre Statur, man müsse nur auf die beiden «Würgeli», den Apfel- und den Birnbaum schauen, um ihr sofort die Stimme zu geben. Der Apfelbaum errötete. Der Birnbaum ließ sich nichts anmerken und schritt schnurstracks zum Buffet. Auch der Kirschbaum und der Nussbaum waren schockiert vom Auftreten der Eiche. Der Kirschbaum sogar so sehr, dass ihm ein Kirschkern im Hals stecken blieb (der Kirschbaum war übrigens schön gekleidet in einem zartrosa Chiffonkleid).

Ganz zum Schluss trat auch die Olive ein, bescheiden, etwas gebückt vom Alter, aber allen gab sie freundlich ihre abgearbeitete Hand. Nur die Eiche tat so, als ob sie die Hand nicht sähe und fuhr weiter mit ihrem belanglosen Palaver mit der fast ebenso großen Pinie. Eine Königin der Bäume müsse groß sein, gut gewachsen und gleichzeitig fest auf dem Boden stehen. «Wie wir beide», flüsterte die Eiche zur Pinie, aber laut genug, dass es alle hören konnten. «Wozu sind wir denn hier eingeladen», flüsterte die Akazie zu den in der Nähe stehenden kleineren Bäumen, «wenn die da oben jetzt schon weiß, dass sie Königin der Bäume wird!» «Natürlich weiß ich das», lachte die Eiche, «oder wollt ihr Zwerge etwa Königin werden?» Eine Königin müsse immer repräsentieren, und wer könnte das besser als sie, die Eiche? Dabei schloss sie leicht die Augen und strich sich mit einem ihrer großen Äste langsam über die Stirn. Jemand müsse die schwierige und verantwortungsvolle Aufgabe übernehmen. Dabei schaute sie mit leidenden Augen in die Runde, bis sie wieder mit der Pinie ihren Dialog fortsetzte, nicht ohne aus den Augenwinkeln die Reaktionen der Zuhörerinnen zu beobachten.

Die Zypresse, wie immer gerade und aufrecht, rief die Teilnehmerinnen an den langen Tisch. Zwecks geheimer Abstimmung sollte jede ein Blatt mit dem Namen ihrer Wahl ausfüllen. Die Eiche war die erste, die ihr Wahlblatt in die Holzurne warf, nicht ohne beim Einschieben einen Moment innezuhalten, um den wichtigen Augenblick zu genießen. Gewitterblitze – oder waren es Fotografen? – begleiteten die werbewirksame Szene. Bei den anderen ging es schneller.

Am Schluss schritt die Zypresse aufrecht zur Auszählung. Alle waren gespannt. Sie las die Voten laut und deutlich vor: Olive ..., Olive ..., Olive ... Bei der dritten Olive brach der Eiche ein Ast und krachte zu Boden, fast auf den verdatterten Apfelbaum. Olive ..., Olive ... Alle waren für die Olive als Königin der Bäume. Nur auf einem Wahlblatt stand: Eiche.

Die Wahlnacht war lang und fröhlich. Viele Toasts wurden ausgesprochen für die bescheidene Olive, die Königin der Bäume, die jedes Jahr aufs Neue ihre wertvollen Früchte für den Menschen trägt. Die prahlerische Eiche aber wurde ausgelacht und sie musste von jenem Tag an ihre Früchte nicht mehr für den Menschen, sondern für die Schweine produzieren.

Quelle: Veröffentlicht durch Walter Messner vom Ferienbauernhof «Le Canne» in der Toskana. Der Verfasser ist leider nicht bekannt.

Der Ölbaum – ein Baumporträt

Wilhelm Pelikan schreibt im Buch «Heilpflanzenkunde»: «Dem Ölbaum muss man sich mit Ehrfurcht nähern, ist er doch nicht nur als Nahrungsspender eines der ältesten Kulturgewächse, er ist auch Helfer der Heilung, Gewährer der Substanzen, Teil kultischer Handlungen und der Königs- und der Priesterweihe sowie Spender der Sterbesakramente. Er ist selber der priesterliche Patriarch unter den Bäumen; im durchlichteten Schatten eines Olivenhaines, der mit bald silbern, bald golden aufblitzender Helle sanft durchwoben wird, lebt die Feierlichkeit und der große Frieden eines Natur-Heiligtums». Die Völker des östlichen Mittelmeergebietes, seines ursprünglichen Lebensraumes, empfanden ihn als unmittelbares Göttergeschenk, insbesondere die Griechen, die Athene für die Gabe des ersten Ölbaumes dankten. Und es galt einst als undenkbarer Frevel, Olivenbäume umzuhauen.

Die feste, harte Erde ergreift der Ölbaum mit unbändiger Lebenskraft; ein steiniger, der Sonne zugeneigter Hügel und Berghang sagt ihm vor allem zu. An Wurzeln und Stamm strotzt er von schlafenden Augen, aus denen er ausschlagen und sich verjüngen kann; aus den auf die Erde hängenden Zweigen kann er ebenfalls vermehrt werden. Mag der Stamm im Alter zerfallen, in Teilstücke wie alte Weidenstrünke sich spalten, ruinengleich einem gebors-

tenen Felsen viel ähnlicher sehen als einem pflanzlichen Gebilde: jung und frisch treiben aus ihm grünende Zweige, auch das uralte Geäst gehorcht dem Anruf des Frühlings immer wieder von neuem. Dass ein Baum eigentlich aufgestülpte Erde ist – hier schier felsenharte Erde –, am Olivenbaum wird es besonders deutlich.

Nicht nur dass der Ölbaum die große Helligkeit und «helle Wärme» und die durch das Meer ausgeglichene Klimazone der Mittelmeerländer als Heimat auserwählt hat, auch durch die Art seiner Verzweigung und Kronenbildung, durch die weidenähnlichen, lanzettförmigen, oben graugrünen und unten silbern glänzenden immergrünen Blätter schafft er sich eine von Licht und Wärme ständig durchspielte Lebenssphäre. Das Schattig-Feuchte hält er sich fern. Das zeigt sich bis in die Stammfarbe, einem grünlichen Silbergrau. Die ligusterähnlichen, kleinen, zarten, weissgelblichen Blüten brechen im April und Mai – im Mittelmeerraum ist dies der Spätfrühling – in kurzen Trauben aus den Achseln der Blätter. Ein zarter, bescheidener Duft ist ihnen eigen. Die Frucht reift langsam, ähnlich der Schlehe. Der Baum setzt all seine Lebenskräfte für die Bildung und Reifung ein, denn er wächst während dieser Zeit nur sehr langsam. Und während der Erntezeit, die von Spätherbst bis Winterende dauert, stellt er sein Wachstum fast ganz ein. Der Ölbaum konzentriert seine Kraft nach innen, deshalb wird er auch uralt. Im Garten Gethsemane stehen wahrscheinlich heute noch einige von den Bäumen, unter denen Christus gewandelt ist und in der Stunde geweilt hat, welche die Passion einleitete.

Die Verbreitung des Olivenbaums

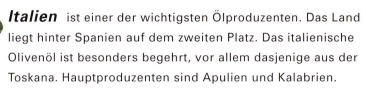

Italien ist einer der wichtigsten Ölproduzenten. Das Land liegt hinter Spanien auf dem zweiten Platz. Das italienische Olivenöl ist besonders begehrt, vor allem dasjenige aus der Toskana. Hauptproduzenten sind Apulien und Kalabrien. So unterschiedlich die Lage und das Klima der einzelnen Olivenanbaugebiete sind, so reich und so groß ist die Geschmackspalette.

Olivenöl aus dem Norden stammt hauptsächlich aus den Regionen rund um den Comer See und den Gardasee. Leider waren am Comer See bis vor noch nicht allzu langer Zeit viele Anbaugebiete verwahrlost. Heute erinnert man sich wieder an die gute Qualität der Olivenöle aus dieser Region. Und die Bäume werden wieder gepflegt und die Früchte geerntet und gepresst. Auch das Olivenöl rund um den Gardasee gehört zu den besten von ganz Italien. Dank der großen Temperaturschwankungen während der Wintermonate können viele Produzenten auf den Einsatz chemischer Spritzmittel in der Schädlingsbekämpfung verzichten. Auch Ligurien, vorab die Levante, produzieren feines Olivenöl. In der Toskana gibt es aus den verschiedenen Provinzen sehr unterschiedliche Öle: Zum Beispiel das Olivenöl von den Florentiner Hügeln, aus dem Chianti-Gebiet, aus der Region Lucca und von den Hügeln rund um Livorno und aus der Maremma. Spitzenöl aus den Zentralhügeln der Toskana rund um Florenz ist unter Kennern sehr beliebt und entsprechend teuer.

Umbrien mit seinen bewaldeten Hügeln und den vielen silbergrünen Olivenbäumen wird auch das «grüne Herz» Italiens genannt. Von hier kommen 2 % des italienischen Olivenöls. Die Abruzzen, eine sehr reizvolle Landschaft mit rauem, gebirgigem Klima, liefert Olivenöle erster Güte. Das Molise, die kleinste Region, ist bekannt für ihre fruchtigen Olivenöle.

Apulien versinkt buchstäblich in einem Meer von Olivenbäumen. Es ist mit einem Anteil von 33 % an der landesweiten Produktion das wichtigste Anbaugebiet Italiens. Apulisches Öl wird häufig an andere Regionen verkauft und zum «Strecken» verwendet.

Auf Sizilien, in den Hügeln von Monti Nebrodi um Messina, gibt es Zusammenschlüsse (Genossenschaften) kleiner Olivenbauern, die ihre Bäume naturgemäß und kontrolliert biologisch bewirtschaften und ein Öl der Qualitätsstufe nativ extra produzieren.

Griechenland, genauer die Insel Kreta, ist bekannt für ihre Olivenbäume. Kenner behaupten, das Öl Kretas gehöre zu den besten schlechthin. Ein Griechenland ohne Olivenbäume ist unvorstellbar! Oliven und Olivenöl sind wichtiger Bestandteil in der täglichen Ernährung.

Die bekannteste Region ist der Peloponnes. Hier gedeihen nicht nur Oliven für die Ölgewinnung, sondern auch feine große fleischige Essoliven.

Die Griechen belegen unter den Olivenöl produzierenden Ländern den dritten Platz, und trotzdem wird eher wenig Öl exportiert, da der inländische Bedarf sehr groß ist (20 Liter pro Person jährlich). Wichtigster Abnehmer des griechischen Olivenöls ist Italien. Vermutlich mutiert es zu italienischem Öl!

Frankreich Hier begegnen wir den ersten Olivenbäumen im Midi. In der Provence sind Klima und Sonneneinstrahlung ideal. Die Bäume werden vor allem von kleinen Bauernbetrieben gepflegt, die das Olivenöl an Privatkunden oder an Restaurants an der Côte d'Azur verkaufen. Die Provence hat mit 5 % einen sehr kleinen Anteil an der europäischen Olivenölproduktion. Gerade noch 70 Ölmühlen sind in Betrieb. Wer provenzalisches Olivenöl kaufen will, wartet am besten seinen nächsten Urlaub in der Provcence ab.

Spanien hatte in den letzten Jahren zahlreiche Olivenöl-Skandale zu verkraften, die seinem Image geschadet haben. Dabei wurde fast vergessen, dass das Land auch ausgezeichnetes Olivenöl produziert.

Das Hauptanbaugebiet ist Andalusien. Der Olivenbaum liebt diesen südlichsten Landstrich Spaniens über alles. Daneben hat aber auch Katalonien vorzügliches Olivenöl.

Große Mengen des spanischen Olivenöls werden nach wie vor nach Italien exportiert, wo es sich durch Umfüllen z. B. in das beliebte toskanische Olivenöl verwandelt!

Die Geschichte des Olivenbaums

*Die Italiener scheinen niemals zu sterben ...
sie essen den ganzen Tag Olivenöl ...
und das ist wohl der Grund.*

Wiliam Kennedy

Es gab ihn schon vor 7000 Jahren, den Ölbaum. Seine Heimat ist vermutlich Nordafrika. Dort wurden jedenfalls Überreste von Olivenblättern gefunden, die aus der Zeit 5000 Jahre v. Chr. stammen sollen. Auch Syrien und Palästina werden als Heimat des Olivenbaums genannt. Andere Quellen sprechen von Olivenkernen, die in Wohnsiedlungen des Jungpaläolithikums (35 000 bis 8000 Jahre v. Chr.) ausgegraben worden sind. Trotz der vielen Unsicherheiten ist dennoch unbestritten, dass der Olivenbaum eine der ältesten Kulturpflanzen ist. Wie sich der Ölbaum auf dem Erdball verbreiten konnte, dürften nur die Götter wissen. Zahlreiche Überlieferungen stammen auch aus dem Orient. Auf den Inseln der Ägäis und in Kleinasien wurden schon 2500 v. Chr. Olivenbäume gepflanzt und aus den Früchten wurde Öl gewonnen. Er soll dort als wildwachsender Strauch und als Baum vorgekommen sein.
In der jüdischen Kultur und im alten Testament genoss der Ölbaum höchstes Ansehen. Das Olivenöl war Opfergabe, Licht- und Wärmequelle, Speise und Körperpflegemittel zugleich. Das für Salbungen verwendete Olivenöl wurde mit Myrrhe, Zimt und Nelken vermischt.
Wir begegnen aber der Olive schon vorher in der Bibel. Als Noah die Tauben zum zweiten Mal aus der Arche in die Freiheit entließ, kehrte eine von ihnen mit einem Olivenzweig im Schnabel zurück. Sie war Überbringerin der frohen Botschaft, dass der Himmel sich besänftigt und die Regenfluten nachgelassen hatten.

Der Olivenzweig ist auch Symbol des Friedens. Er verkörpert Gottesnähe und Gottes Weisheit. Jesus zog am Abend vor der Kreuzigung mit seinen Jüngern zum Ölberg; er soll an einem Kreuz aus Olivenholz gestorben sein. Der Olivenbaum wird in diesem Zusammenhang immer wieder Lebensbaum genannt und deshalb auch verehrt.

Lange Zeit symbolisierte der Olivenbaum auch Reichtum, Wohlstand und Glück. Die Herrscher der verschiedenen Dynastien betrieben einen regen Ölhandel, und Ölvorräte wurden als Reichtum angesehen.

Der Olivenbaum wurde schon früh für «heilig» erklärt. Geweiht wurde er der Göttin Athene. Die Ölbäume auf der Akropolis galten als Symbol des Friedens und der geistigen Helle. Bei den alten Olympischen Spielen wurde der Sieger mit einem Olivenzweig geehrt.

Gemäß jüdischer Überlieferung entstammt das Öl der Barmherzigkeit einem Samenkorn, das Seth in den Mund seines Vaters Adam gelegt hatte; aus dem Korn keimte ein Olivenbaum. Im alten Ägypten war die Olive dem Gott Aten geweiht.

Berber, Griechen und Römer pflanzten Olivenbäume zu Ehren der Verstorbenen. Und bei den Römern waren die Altäre aus Olivenholz. Allein im Alten und Neuen Testament wird der Ölbaum über 200 Mal erwähnt.

Von Kreta aus eroberte der Olivenbaum um ca. 500 v. Chr. über Süditalien und Rom den gesamten mediterranen Raum. Zur Zeit der klassischen Antike war er im ganzen Mittelmeerraum bekannt. Seefahrer wie Kolumbus brachten ihn auch in die «Neue Welt».

Der Olivenbaum im keltischen Baumkreis

Im keltischen Baumkreis ist der 23. September der Tag des Olivenbaums. Es ist der Tag, an dem Tag und Nacht gleich lang sind. Der Olivenbaum wird in diesem Zusammenhang auch als Baum der Weisheit bezeichnet. An diesem Tag Geborene haben ein Verlangen nach Harmonie und Gerechtigkeit und Sinn für Schönheit. Ähnlich dem Olivenbaum setzen sie sich für die Gemeinschaft ein und übernehmen Aufgaben, ohne daraus Nutzen ziehen zu wollen. Das Wohlergehen der Mitmenschen liegt ihnen sehr am Herzen. Der römische Kaiser Augustus, Romy Schneider und Ray Charles sind am 23. September, am Tag des Olivenbaums, geboren.

Botanik

Die Lebenserwartung

Der Olivenbaum (Olea europea) wird 1500 bis 2000 Jahre alt. Die 8 Olivenbäume im Garten Gethsemane in Jerusalem, unter denen Jesus einst betete, sind rund 2000 Jahre alt. Es ist ein bewegendes Ereignis, unter diesen Zeitgenossen zu stehen und die Vergangenheit zu spüren. In Europa ist die Olive nebst der Eibe der langlebigste Baum. Auch sie gehört zur Familie der Ölbaumgewächse.

Das Aussehen

Der Olivenbaum ist ein gedrungener, gebeugter, knorriger und gewundener Baum, der im Alter bis zu 20 Meter hoch werden kann. Er ist voller Anmut und vereint in sich die Urkraft der vier Elemente. Er ist fest verwurzelt und nicht umzubringen durch Wasser, Feuer und Sonne, ein richtiger Lebenskünstler. Stark verzweigte Äste winden sich nach oben, «bekleidet» mit ledrigen blaugrünen Blättern, die auf der Unterseite silbern glänzen. Selbst wenn das Herz des Baumes, das Innere, verkümmert und abgestorben ist, haben die Überbleibsel ähnlich der Edelkastanie genug Lebenskraft, um neue Äste hervorzubringen.

Der Bio-Anbau

Biologischer Anbau ist nicht nur Garant für Olivenöl erster Güte, er steigert auch die Bodenfruchtbarkeit, erhöht die Artenvielfalt und wirkt extremen Erosionen in sehr trockenen Anbaugebieten entgegen, insbesondere durch Begrünung zwischen den Bäumen und dem damit verbundenen Mulchen (Grasschnitt wird zur Düngung liegen gelassen).

Das Klima und der Standort

Der Olivenbaum wächst langsam. Er liebt trockenen, gut durchlüfteten, leicht sandigen, kalkhaltigen Boden und viel Sonne. Nässe ist sein größter Feind. Der Olivenbaum hat mit der Kälte eigentlich keine Probleme. Je mehr er aber im «Saft» ist, desto größer ist die Gefahr, dass er bei tiefen Temperaturen erfriert. Im Winter 1985 sind in der Toskana rund 90 % der Olivenbäume erfroren. Der Olivenbaum hat aber eine ungebrochene Lebenskraft; er sprießt immer wieder von neuem. Die Bäume haben sich in der Toskana in den letzten 20 Jahren etwas erholen können.

Von der Blüte zur Frucht

Der Olivenbaum steht rund 60 Tage in der Blüte. Am häufigsten findet die Befruchtung durch den Wind statt, seltener durch Insekten. Bis sich daraus eine pflückreife Frucht entwickelt hat, verstreichen 4 bis 6 Monate.

Ein Olivenbaum trägt mit 5 bis 10 Jahren die ersten Früchte. Von Ertrag kann man frühestens nach 15 Jahren sprechen. Auf ein Jahr mit vollem Fruchtbehang folgt stets ein Sabbatjahr. Nicht dass der Baum dann keine Früchte tragen würde, aber es sind deutlich weniger.

Die Früchte sind zwischen Oktober und Februar erntereif. Unreife Früchte sind grün; in voller Reife sind sie schwarz und liefern ein sehr geschmacksintensives Öl. Deshalb lässt man die Oliven je nach Region bis Februar oder sogar März am Baum hängen.

Das Olivenöl

Von der Frucht zum Öl

Die Produktionsgebiete

Es werden weltweit jährlich rund zwei Millionen Tonnen Olivenöl gewonnen. Davon entfallen 200 000 Tonnen auf den afrikanischen Kontinent, 12 000 Tonnen auf Nord-, Mittel- und Südamerika, 200 000 Tonnen auf Syrien und die Türkei und 1 500 000 Tonnen auf die europäischen Länder Frankreich, Italien, Griechenland, Portugal und Spanien.

Die Produktion von Olivenöl konzentriert sich also auf die Mittelmeerländer. Italien und Spanien sind mit je rund 500 000 bis 600 000 Tonnen Öl die größten Produzenten.

Nach Auskunft eines Importeurs von spanischem Olivenöl hat Spanien 1997 zwischen 900 000 und 1 000 000 Tonnen Olivenöl produziert.

In Italien waren es 1997 rund 450 000 Tonnen, davon produzierte allein die Region von Apulien 200 000 Tonnen. In dieser Gegend stehen 45 Millionen Olivenbäume, in ganz Italien dürften es 125 Millionen sein. Italien ist unter den Mittelmeerländern klimatisch begünstigt, kann doch sowohl im Norden wie auch im Süden Olivenöl produziert werden. Hauptanbaugebiete sind aber Mittelitalien und Süditalien. Das Land ist nicht nur der größte Exporteur,

sondern auch der größte Importeur. Bezüglich Verbrauch stehen die Italiener an der Spitze. Die Drehscheiben für den Handel mit Olivenöl sind Neapel und die Toskana. In der Toskana wurden laut den Medien 1996 17 000 Tonnen Olivenöl produziert. 1997 waren die Erträge wesentlich kleiner. Toskana, Ligurien und Umbrien haben an der italienischen Produktion einen Anteil von etwa 10 %. Wenn man weiß, wie begehrt das Öl aus dieser Region ist, dürfte nicht alles «toskanische Olivenöl» auch tatsächlich aus dieser Region stammen. Man vermutet, dass 50 % des Olivenöls mit Billigimporten aus Spanien und Tunesien gestreckt wird. Im Mai 1996 war in den Medien zu lesen: «Millionengewinne dank gepanschtem Olivenöl», «Olivenöl nativ extra mit Haselnussöl gestreckt». Im Ökotest von 1995 war zu lesen: «Kalt gepresstes Olivenöl ist nicht nur lecker, sondern auch gesund. Doch in manchen Flaschen ist nicht drin, was drauf steht.»

Einige Zahlen In der EU entfallen 3,3 % der landwirtschaftlichen Nutzfläche auf die Produktion von Olivenöl. Für 2 Millionen Menschen war sie 1992 Haupterwerb. Hinzu kommt, dass die Olivenkulturen auch eine wichtige ökologische Aufgabe erfüllen. Sie schützen ganze Landstriche vor der gefürchteten Erosion. Der Olivenbaum ist zudem äußerst anspruchslos; er wächst auch auf nährstoffarmem, schwer nutzbarem Boden. Gerade in Randregionen ist er für die Menschen die einzige Einnahmequelle.

Von der Frucht zum Öl

Die Ernte Die Oliven enthalten 16 bis 20 % Fett. Der überwiegende Teil ist im Fruchtfleisch und der Rest im Samen (Kern) enthalten. Für die Ölgewinnung werden die Oliven normalerweise kurz vor der Vollreife geerntet. Je reifer die Früchte, desto mehr Öl liefern sie. Für die Qualität ist dies eher ein Nachteil, da der Anteil an unerwünschten freien Fettsäuren höher ausfällt. Das Öl soll im Krug und nicht am Baum reifen!
Überreife Oliven und Früchte, die vor dem Pressen in der Sonne oder in heißem Wasser gelegen haben, ergeben mehr Öl. Wer zu diesen Tricks greift, nimmt eine Qualiätseinbuße bewusst in Kauf. Kontrollieren lassen sich solche Machenschaften leider kaum. Für Produzenten guter Olivenöle grenzt das an Betrug.
Erntezeit ist je nach Anbaugebiet zwischen Ende Oktober und Anfang Februar. Da die Pflückmethode einen direkten Einfluss auf die Ölqualität hat, werden die Früchte für Öl der Klasse nativ extra nach wie vor von Hand geerntet. Der Bauer streift die Oliven entweder mit einem kleinen Kunststoff-Rechen von den Ästen oder schlägt sie mit Stöcken vom Baum. Häufig werden die Bäume auch mit Maschinen geschüttelt und die Früchte in Netzen aufgefangen. Fallfrüchte ergeben ein Öl minderer Qualität.

Die Ölmühle Vom Baum in die Ölmühle, lautet die Devise. Je länger das dauert, desto höher klettert der Anteil an unerwünschten freien Fettsäuren. Und ein hoher Fettsäureanteil beeinträchtigt nicht nur die Qualität, sondern auch den Geschmack. Die Oliven sollen im Idealfall nur wenige Stunden nach der Ernte, möglichst aber innerhalb von drei Tagen, gepresst werden. In vielen Ölmühlen können die Bauern die Früchte nur auf Voranmeldung abliefern.
Für Produzenten von hochwertigen Olivenölen sind einwandfreie Früchte genauso wichtig wie das rasche Pressen. So wird man in Gegenden mit Olivenbäumen fast immer eine Frantoio, also eine Ölmühle, finden. In der Toskana sind es über 400 und in den Abruzzen sogar über 500.

PRODUKTION **29**

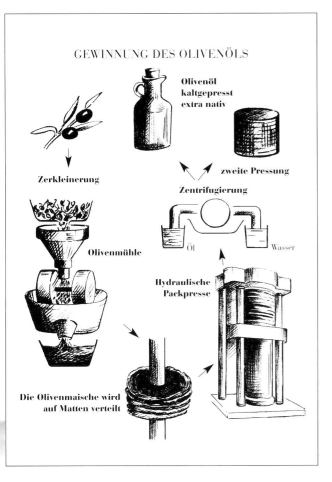

Das Pressen der Oliven

Die Oliven werden zuerst verlesen; Blätter und schlechte Früchte müssen aussortiert werden. Einige Produzenten belassen ein paar Blätter im Pressgut; sie geben dem Öl eine schöne grüne Farbe und machen es leicht bitter.

Nach dem Waschen werden die Früchte in einer traditionellen Mühle mit großen Granitsteinen oder in einer größeren Mühle mit modernen Maschinen (Hammerschlag und Messer) zu Mus, der Maische, verarbeitet. Die Maische wird auf Pressmatten verteilt und unter Druck gepresst.

Das langsame Mahlen zwischen Mühlsteinen ist für eine gute Qualität von Vorteil. Aber leider gibt es immer weniger Granitstein-Ölmühlen. Meistens werden die Früchte aus Zeit- und Kostengründen mit Hammerschlag und Messer zerkleinert. Qualitätsvergleiche über die verschiedenen Pressverfahren (sogenannte Steigbilder) fehlen im Moment noch.

Die Weiterverarbeitung

Das beim Pressen abfließende Öl wird in Zentrifugen von der übrigen Flüssigkeit getrennt. Nun muss das junge Olivenöl längere Zeit lagern, damit sich der Ölschlamm setzen kann. Das Öl wird regelmäßig umgefüllt und der Bodensatz, der sogenannte Ölschlamm, entfernt. Später wird es je nach Qualität direkt abgefüllt oder noch filtriert. Ölkenner bevorzugen unfiltriertes Olivenöl.

Die Ölqualität

Die Qualität des Olivenöls ist auch unter den Produzenten ein ständiger Zankapfel. Jeder glaubt, sein Öl sei das beste. Ein kleiner Olivenölproduzent, der die Oliven nach herkömmlicher Art zwischen zwei Mahlsteinen zerkleinert, schwört auf sein handwerkliches Verfahren. Besitzer moderner Ölmühlen wiederum reklamieren, dass ihre Hightech-Anlagen Garant für bestes Olivenöl seien.
Bestimmt spricht uns das Bild einer traditionellen Ölmühle emotional mehr an als das Pressen in einer fabrikähnlichen Anlage. Aber man muss auch dazu stehen, dass die Technik in der Lebensmittelindustrie nicht nur Nachteile hat. Dank den neuen Methoden können die Früchte viel schneller gemahlen werden. Dies wirkt sich laut Produzenten und aufgrund diverser Untersuchungen positiv auf die freien Fettsäuren aus.

Die Organoleptik, die Geschmacksprüfung, ist sicher eines der besten Mittel, um die Ölqualität einigermassen objektiv zu beurteilen. Aber wer von uns hat schon gelernt, Öl fachmännisch zu degustieren? Mehr dazu finden Sie im Kapitel «Öl degustieren», Seite 39 ff. Das Öl sollte nicht nur im Gaumen schmecken, es muss auch aus umweltverträglicher Produktion sein; und das wiederum ist auch unserer Gesundheit zuträglich.

Je nach persönlicher Vorliebe wird man ein Olivenöl aus der Toskana, von der Insel Kreta oder aus Andalusien favorisieren. Wem Sizilien ans Herz gewachsen ist, wird vermutlich sizilianisches Öl wählen. Jede Region hat ihre typischen Öle.

Die Kaltpressung – ein natürliches Verfahren

Kaltpressung besagt, dass das Olivenöl beim Auslaufen aus der Ölpresse die Temperatur von 30 °C nicht überschritten hat. Bei einer größeren Erwärmung leidet die Qualität. Andere Öle, z. B. die aus Samen/Kernen gewonnenen (Sonnenblumenöl), erreichen eine Temperatur von rund 50 °C.

Recherchen haben ergeben, dass der größte Teil des Olivenöls kalt gepresst wird und zudem aus erster Pressung stammt. Kaltpressung und auch erste Pressung sagen deshalb nicht mehr viel über die Qualität aus.

Eigentliches Qualitäts- und Gütemerkmal und Garant für eine gute Qualität ist die Bezeichnung «nativ extra». Und dazu müssen die Früchte ohne Einsatz von Chemie, z. B. von Lösungsmitteln, gepresst worden sein. Ein weiteres Gütemerkmal ist Bio-Qualität.

Kalt gepresstes Öl kann nach der Pressung noch nachbehandelt werden, damit es den Wünschen der Konsumenten besser entspricht. Die Behandlung beschränkt sich auf Waschen, Sedimentieren (Ölschlamm setzen lassen), Filtrieren und allenfalls Zentrifugieren. Kenner schwören auf naturbelassenes Öl ohne jegliche Nachbehandlung. Und je umweltverträglicher und naturnaher der Olivenanbau, desto besser ist auch die Ölqualität. Aus diesem Grund sollten für die Ölgewinnung nur biologische Oliven verwendet werden.

Neues Pressverfahren – beste Qualität

In Umbrien (Italien) wendet eine Firma bei der Gewinnung von Olivenöl und anderen kalt gepressten Ölen ein neuartiges Verfahren an. Das neue Mahl- und Pressverfahren unterscheidet sich in zwei Punkten von der herkömmlichen Methode:

In einer traditionellen Ölmühle dauert das Aufmahlen der Oliven 20 bis 30 Minuten. Da die Luft nicht «ausgeklammert» werden kann, kommt es zu Oxydationen. Beim neuen Verfahren dauert der äußerst schonende Mahlvorgang knapp 30 Sekunden. Eine Oxydation der freien Fettsäuren ist damit ausgeschlossen.

Die Stempelpresse (Ölpresse) ist in einer traditionellen Mühle mit synthetischen Pressmatten ausgerüstet, die schwer zu reinigen sind und die Qualität des Öls beeinträchtigen können. Neu wird das Öl unter hohem Druck in Chromstahlzylindern gepresst. Der dazu notwendige Drainagefilter besteht aus zerkleinerten Olivenkernen, einem widerstandsfähigen Hartholz, das seine konservierenden Eigenschaften an das Öl weitergibt.

Der Arbeitsablauf

- die Ölfrüchte werden zertrümmert
- die Olivenpaste wird homogenisiert
- die Olivenpaste wird in den Drainagefilter gefüllt
- die Olivenpaste wird bei 600 bar mit Gegendruck gepresst
- der Presskuchen wird aufgebrochen und selektiert
- das Olivenöl wird zentrifugiert

Während der Ölgewinnung beträgt die Temperatur gerade noch 25 °C. Dieses Verfahren eignet sich auch für die Herstellung von Samenölen; hier liegt die Temperatur auch bei einer Kaltpressung normalerweise bei bis 45 °C.

Frisches Öl beißt im Hals

Olivenöl nativ extra frisch ab Presse hat einen pfeffrigen Geschmack und beißt im Hals (italienisch: pizzica la gola). Für Kenner ist dies ein Prädikat für Frische und Qualität. Junges Olivenöl hat einen intensiven Geschmack; es wird durch die Lagerung milder. Das Erntejahr ist selbstverständlich auch wichtig; kein Jahrgang ist gleich wie der andere. Der Olivenbauer holt sich übrigens sein Olivenöl für den Eigenbedarf stets in der eigenen Ömühle.

Die Handelsklassen

Das Olivenöl wird aufgrund seines Anteils an freien Fettsäuren in Handelsklassen eingeteilt. Je nach Qualitätsstufe darf es raffiniert werden. Die von der EU herausgegebenen Richtlinien legen die Reinheit des Olivenöls fest. Sie werden in neuerer Zeit viel strenger überwacht; und trotzdem gibt es immer noch gravierende Lücken.

EU-Verordnung

1. Olivenöl nativ extra
2. Olivenöl nativ
3. Olivenöl nativ, gewöhnlich
4. Lampantöl
5. Raffiniertes Olivenöl
6. Olivenöl
7. Rohes Olbiventresteröl
8. Raffiniertes Olbiventresteröl
9. Olbiventresteröl

Olivenöl nativ extra Höchste Qualitätsstufe. Je tiefer die Temperatur bei der Ölgewinnung, desto hochwertiger das Öl. Der Anteil an freien Fettsäuren beträgt max. 1 %. Olivenöl mit Paneltest (siehe Seite 37) hat einen Säuregehalt von max. 0,6 %. Der Säuregehalt wird deklariert; bei 0,2 % handelt es sich um ein Öl der Spitzenklasse.

Olivenöl nativ (teilweise wird noch das Wort «fein» angefügt). Der Gehalt an freien Fettsäuren darf max. 2 % betragen. Auch bei diesem Öl handelt es sich um eine Topqualität.

Olivenöl nativ, gewöhnlich Der Gehalt an freien Fettsäuren darf max. 3,3 % betragen.

Lampantöl Olivenöl nativ mit unangenehmem Geschmack oder Olivenöl nativ mit mehr als 3,3 % Fettsäuren muss als Lampantöl deklariert werden.

Raffiniertes Olivenöl Aus Olivenöl nativ durch Raffination gewonnen.

Olivenöl Ein Verschnitt aus raffiniertem Öl und Olivenöl nativ; es darf kein Lampantöl enthalten. Diese Ölqualität wird häufig in Supermärkten und in Warenhäusern zu günstigen Preisen angeboten. Ein Ursprungsnachweis fehlt. Bei falscher Deklaration laufen die Olivenölproduzenten kaum Gefahr, bestraft zu werden.

Übrige Qualitätsstufen Spielen im Detailhandel keine Rolle. Werden oft zu Seife u. a. verarbeitet. Aus dem bei der Kaltpressung anfallenden Trester wird unter Einsatz von Extraktionsmitteln nochmals Öl gewonnen. Es dürfte in der Industrie Verwendung finden.

Tropf-/Tröpfchen-/Abtropföl – das kostbarste Öl Die ganzen Oliven werden zuerst traditionell zwischen Mahlsteinen zu einer Paste (Maische) gemahlen und dann in sich langsam drehende Trommeln gefüllt. Aus diesen tropft langsam, ohne Pressung, das kostbare Öl ab. Dieses extra native Abtropföl

wird nicht weiter verarbeitet, sondern sofort in Flaschen abgefüllt. Der Ertrag ist sehr klein, was sich auf den Preis auswirkt. Abtropföl wird auch «Blume des Öls» genannt.

D.O.C.- oder J.G.P.-Qualität (kontrollierter Ursprungsnachweis)

Kenner von Olivenöl wie auch Hersteller qualitativ hochwertiger Produkte sind bestrebt, durch Nennung von Lage und Olivensorte ihr Erzeugnis zu schützen und ihm gleichzeitig ein Qualitätsgütesiegel umzuhängen, ähnlich einem guten Wein. Die Abkürzung D.O.C. steht für «Denominazione di origine controlata». D.O.C. ist in Italien seit 1992 gesetzlich geregelt. Die Deklaration, ein Gütesiegel, wird selbstverständlich nicht von allen Händlern gern gesehen. Sie garantiert nicht nur die Richtigkeit des Ursprungsortes, das Olivenöl nativ extra weist mit 0,6 % (anstatt der zugelassenen 1 %) auch einen sehr tiefen Säuregehalt auf.
In einem Markt, in dem sich leider immer noch zu viele schwarze Schafe tummeln, kann dieses Qualitätsgütesiegel zusammen mit den Bio-Garantien für den Konsumenten eine zusätzliche Sicherheit bedeuten.
D.O.C. wird laut Auskunft von Fachleuten von den verantwortlichen Stellen noch zu wenig überprüft. Dies wäre zwingend notwendig, da sich jeder Produzent das Gütesiegel selber umhängen kann.

Der Schwarzmarkt blüht

Wenn man bedenkt, dass im Jahr 1994 weltweit 155 000 Tonnen Olivenöl mehr verbraucht als produziert worden sind, sollte man als Konsument hellhörig werden. Es ist ein offenes Geheimnis, dass 50 % des toskanischen Olivenöls nicht aus der Toskana stammt, da diese Region nicht soviel Öl produzieren kann. Produzenten und Kenner der Szene versichern, dass die Kontrollen verschärft worden sind ...

Paneltest – eine moderne Qualitätskontrolle

Dank moderner Analysen kann man heute qualitativ einwandfreies Olivenöl von einer Fälschung unterscheiden. Leider sind diese Tests sehr teuer.
Bei Bio-Olivenöl werden Herkunft und Produktionsmethoden regelmäßig von unabhängigen Stellen kontrolliert.
Für Olivenöl der Handelsklasse nativ extra gibt es neben der Prüfung des Fettsäuregehalts – er darf max. 0,6 % anstatt der normalerweise tolerierten 1 % betragen – seit 1992 den Paneltest. 10 professionelle Verkoster unterziehen das Öl einer strengen Prüfung. Olivenöl, das den Test nicht besteht, muss raffiniert werden.
Eine seitens der EU verordnete Beurteilung von Olivenöl durch Degustation ist seit 1996 in Kraft.

Qualität vor Quantität

Beim Kauf von Olivenöl sollte man berücksichtigen, dass die in der Küche benötigte Menge eher bescheiden ist. Qualität sollte also vor Quantität kommen. Vielleicht halten wir es wie beim Wein: eine gute Flasche hat auch ihren Preis!

Ein Olivenbaum muss während Jahren intensiv gepflegt werden, bevor er die ersten Früchte trägt. Pro Baum können im Durchschnitt 20 kg Oliven geerntet werden. Je nach Erntezeitpunkt ergibt dies 3,3 bis max. 5 Liter Öl. Ein geübter Pflücker erntet in der Stunde max. 10 kg Oliven. Die sehr arbeitsintensive Baumpflege und das Pflücken beeinflussen den Ladenpreis nicht unwesentlich. Vom Baum gefallene, überreife Oliven eignen sich nicht für ein Öl der Qualität nativ extra.
Als Konsument kann man kaum abschätzen, wie groß der Aufwand ist, bis das Öl über den Ladentisch geht. Für einen Liter Öl braucht es 6 bis 7 kg Oliven. Diese werden von Hand gepflückt und aussortiert, in der Ölmühle gewaschen, zerkleinert, gepresst. Das Olivenöl muss gelagert und abgefüllt werden. Dann kommen noch der Transport und die Mehrwertsteuer im Verbraucherland dazu.

Die Degustation

Zuerst degustieren – dann kaufen

Eigentlich sollte es selbstverständlich sein, dass wir die Möglichkeit erhalten, ein gutes Olivenöl vor dem Kauf zu degustieren. Dem Fachhandel würde diese Dienstleistung jedenfalls gut anstehen. Hinzu kommt natürlich auch die persönliche Beratung. Vielleicht lassen sich mit diesem Buch die Verkäufer von Olivenöl ermuntern, eine Olivenölbar einzurichten!
Nur wer das Aroma eines Olivenöls kennt, wird es in der Küche richtig einsetzen können. Das Degustieren und Beurteilen eines Olivenöls ist in den mediterranen Ländern mit einer Olivenölkultur Alltag. Wir müssen das noch lernen!

Vorbereiten

- Für die Degustation sollten wir gesund und fit sein und uns in jeder Beziehung wohl fühlen.
- Auf Trinken und Essen unmittelbar vor dem Degustieren verzichten. Auch Bonbons, Zigaretten und Kaugummi sowie Parfums beeinträchtigen unser Geschmacksempfinden.

Mit dem Degustieren von Olivenöl wandeln wir auf dem Weg eines Naturgeheimnisses. Das Öl erzählt uns seine Geschichte, fast ein heimliches Bekenntnis seiner Tugenden und Untugenden.

Degustieren

- Den Gaumen vor dem Degustieren mit einem Apfelschnitz neutralisieren.
- Das Öl nach Möglichkeit ohne Beilage kosten. Wer damit Mühe hat, versuche es mit wenig frischem, möglichst neutralem, salzarmem, hellem Brot (Weißbrot). Nur so ist der Geschmack unverfälscht.
- Das Öl wird zum Degustieren am besten in ein kleines Glas gefüllt; dieses während einiger Minuten in der Hand halten, damit sich das Öl leicht erwärmen und sein Aroma besser entfalten kann.

- Nun wird das Olivenöl zuerst mit der Nase geprüft, bevor man es nach Möglichkeit pur oder mit einem Stück Brot degustiert und seine Wirkung im Gaumen beurteilt.
- Statt das Öl im Glas und in der Hand zu erwärmen, kann man auch einige Tropfen auf den Handrücken geben und daran riechen und auf der Zunge «zergehen» lassen.

Ein hochwertiges Olivenöl schmeckt im Gaumen nie fettig. Es wirkt trocken, und das Fett wird von der Mundschleimhaut in kurzer Zeit resorbiert. Deshalb ist die Angst vor einem öligen Geschmacksempfinden beim Degustieren völlig unberechtigt.

Die Beurteilung eines Olivenöls nativ extra

Positiv

Frisch: Empfindung von frisch gepressten Früchten, die von einer mäßigen Menge Aromen herrührt.

Pikant: Ein leichtes Beißen, das in den ersten Monaten nach der Pressung normal ist. Verschwindet nach dem Schlucken rasch. Diese Empfindung garantiert, dass unversehrte Früchte gepresst wurden. Von Laien wird das leichte Beißen, auf italienisch «pizzica la gola», oft mit schlechter Qualität gleichgesetzt. Olivenöl, das nach dem Pressen nicht beißt, ist nur kurze Zeit haltbar, max. 6 Monate.

Harmonisch: Duft und Geschmack sind im Gleichgewicht.

Fruchtig: Bezeichnet die Ganzheit der Aromen. Das ganze Jahr stabil.

Mild: Typisch für bestimmte Produktionsgebiete und Olivensorten. Unaufdringliches Aroma.

Bitter: Das Öl wird im hinteren Gaumen als bitter empfunden. Dies ist in den ersten Monaten nach der Pressung häufig der Fall. Bleibt der bittere Geschmack auch einige Minuten nach dem Schlucken, ist dies negativ, verschwindet er nach kurzer Zeit, ist das positiv zu werten.

Negativ

Ranzig: Wenn das Öl unangenehm nach reifen Melonen oder nach Kürbis schmeckt, ist es infolge Lichteinfluss, Wärme oder Oxydation vorzeitig gealtert.

Schimmel: Schlechte Lagerung der Oliven vor dem Pressen.

Ölschlamm: Das Öl war mit dem natürlichen Bodensatz zu lange in Kontakt. Wird als Schmutz empfunden.

Unfein: Empfindung von fehlender Harmonie und Reinheit im allgemeinen. Sie rührt von der Pressung unterschiedlich reifer und nicht richtig gelagerter Oliven her.

Säuerlich-weinartig: Die Früchte wurden vor der Pressung angehäuft und sind zu lange liegen geblieben und haben zu gären begonnen. Empfindung von Essig, adstringierend.

Aroma und Geschmack

Die Aromen geben jedem Nahrungsmittel seinen typischen Geschmack. Im Olivenöl nativ extra machen die Aromastoffe rund 1,1 % aus. Sie bestehen mehrheitlich aus Antioxydantien und natürlichen Vitaminen. Ihr Gehalt (Prozentsatz) wird bestimmt durch Klima, Bodenbeschaffenheit, Fruchtsorte, Qualität der Früchte (z. B. Früchte aus biologischem Anbau), Zeitpunkt der Ernte und Pressmethode. Das Aroma des Olivenöls wird oft so umschrieben: riecht nach frisch geschnittenem Gras, Tomate, Artischocke, Mandel oder Apfel.

Das Olivenöl ist ein Naturprodukt. Naturbelassenes Öl wird von Jahr zu Jahr – ähnlich einem guten Wein – in Aroma und Geschmack leicht variieren.

Wenn ein Olivenöl immer gleich schmeckt – und davon gibt es nicht wenige –, dann hat man in irgendeiner Form nachgeholfen. Vermutlich wurden zwei oder mehrere Öle von unterschiedlichem Geschmack und unterschiedlichem Anteil an freien Fettsäuren gemischt. So kann ein langweiliges oder auch ein zu kräftiges Aroma korrigiert werden. Raffiniertem Olivenöl wird zwecks Geschmacksverbesserung oft natives Olivenöl beigefügt.

Qualitätsfaktoren

- 20 % Olivensorte und Produktionsmethode
- 30 % Reifegrad der Oliven
- 30 % Extraktionsverfahren/Pressverfahren
- 5 % Erntemethode (von Hand gepflückt oder mit der Maschine)
- 15 % Transportmittel
- 10 % Zeit zwischen Ernte und Pressung, Art der Lagerung der Früchte

MICO, Internationale Bewegung für die Olivenölkultur

Vom Umgang mit dem guten Tropfen

Das Erhitzen Dass wir ausgerechnet mit dem Erhitzen des Olivenöls beginnen, hat seinen guten Grund. Es ist bekannt, dass kalt gepresstes Öl prädestiniert ist für die kalte Küche, da es in diesem Fall zu keinerlei Veränderungen, weder bezüglich Geschmack noch Inhaltsstoffen, kommt. Da sich das Olivenöl beim Erhitzen anders als die anderen Öle verhält, kann es auch für die warme Küche empfohlen werden. Der hohe Oleinsäuregehalt macht das Olivenöl hitzestabil und anders als bei den übrigen Ölen entstehen keine schädlichen Substanzen. Braten, Backen und im Ausnahmefall sogar Frittieren sind erlaubt. Selbst bei mehrmaligem Erhitzen entstehen kaum Oxydationssubstanzen. Eine Einschränkung gibt es trotzdem. Olivenöl der Klassen nativ extra und nativ sind zum Frittieren zu schade.

Die Wahl des richtigen Öls Das Olivenöl nativ extra hat je nach Herkunftsland sein typisches Aroma; dies sollte in der Küche in jedem Fall berücksichtigt werden:

– *Milde Öle* sind ideal für leichte Salate, für die Zubereitung einer Mayonnaise und für feine Saucen.

– *Kräftige Öle* passen gut zu Pasta, Fleisch und Fisch und sind ideal für die Zubereitung der berühmten Bruschetta, eines gerösteten Landbrots mit Tomaten und Olivenöl.

– *Leicht süßliche Öle* eignen sich vorzüglich zum Dünsten und Schmoren von Gemüse und Tomaten.

– *Abtropföle* sind das Tüpfchen auf dem i, ideal für Carpaccios aus Fleisch oder Gemüse und für Fischgerichte.

Welches Olivenöl man wofür verwendet, bleibt immer noch jedem Koch/jeder Köchin überlassen. Je länger man mit diesen Köstlichkeiten experimentiert, desto mehr Fingerspitzengefühl wird man dafür entwickeln. Ein Olivenöl-Anhänger wird stets eine Auswahl davon haben. Man trinkt ja auch nicht zu jedem Essen den gleichen Wein!

Die Lagerung

Das Olivenöl muss vor Licht geschützt (in dunklen Flaschen oder an einem dunklen Ort oder in Kanistern) stehend gelagert werden. Die ideale Temperatur liegt zwischen 14 und 16 °C, maximal jedoch 20 °C. Olivenöl nicht im Kühlschrank aufbewahren, da es ausflockt und vor Verwendung jedesmal wieder Zimmertemperatur annehmen muss.

Hochwertige Olivenöle der Klassen nativ extra und nativ können ab Abfülldatum mindestens 12 Monate ohne Geschmackseinbuße gelagert werden. In Italien schreibt das Gesetz eine Haltbarkeit von mindestens 18 Monaten vor. Ein gutes Olivenöl kann nach dem Pressen ohne weiteres zwei Jahre gelagert werden. Auch ein vierjähriges Olivenöl kann noch einwandfrei sein. Die Haltbarkeit ist stark abhängig vom richtigen Erntezeitpunkt der Früchte und der optimalen Pressung. Je tiefer der Gehalt an freien Fettsäuren ist, desto besser und länger lässt sich das Olivenöl bei einer konstanten Temperatur von 15 °C lagern.

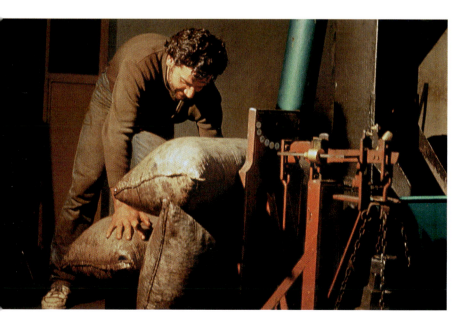

Geöffnete Flaschen nach Gebrauch sofort verschließen. So verhindert man einen Aroma- und Geschmacksverlust und andererseits schützt es das Öl vor Fremdgerüchen.

Die Etikette

Zwingend vorgeschrieben

- Inhalt, z. B. Olivenöl nativ extra
- Hersteller oder Abfüller (in Italien schreibt das Gesetz die Nennung des Abfüllers vor)
- Nettoinhalt
- empfohlenes Verbrauchsdatum

Zusätzliche Informationen

- Aufbewahrungsdatum
- Produktionsjahr
- Ursprungsbezeichnung (Herkunft)
- Olivensorte
- Anbaumethode, z. B. aus biologischem Anbau
- Erntemethode, z. B. von Hand gepflückt
- Extraktionsverfahren: z. B. Kaltpressung, Erstpressung usw.
- Geschmacksbeschrieb (Charakter)
- Verwendungszweck

Die Speiseolive

Die zum Essen bestimmte Olive unterscheidet sich von der Ölolive meist nur durch ihre Größe. Sie wird je nach Verarbeitung unreif als grüne oder reif als schwarze Olive gepflückt. Frische Olive sind ohne vorherige Behandlung ungenießbar. Sie enthalten Bitterstoffe, welche den Früchten erst bei längerem Einlegen in Wasser oder in eine Salz-Essig-Lake entzogen werden können.

Je nach Betrieb werden die Speiseoliven unterschiedlich verarbeitet. Häufig kommen die frisch gepflückten Früchte in eine Salzlösung, man kann sie auch 24 Stunden in reichlich Salz einlegen. Danach werden sie eingeschnitten und zwecks Entbitterung in eine Essig-Salz-Lösung oder in reines Wasser gelegt. Beides muss alle 14 Tage gewechselt werden. Durch das Einlegen werden die Oliven einer Gärung unterzogen und entbittert. Danach kommen die Früchte zusammen mit aromatischen Zutaten wie Kräutern, Knoblauch und Peperoncini/Chilischoten in ein hochwertiges Olivenöl. Auch das Konservieren in einer Salzlake ist möglich.

Eine populäre Art für die Verarbeitung zu Speiseoliven ist das Entbittern in einer Sodalösung. Die Früchte werden danach je nach gewünschter Geschmacksintensität für einige Monate bis zu einem Jahr in Tonkrügen oder in Plastiktonnen zusammen mit Gewürzen in Öl eingelegt. Diese Oliven enthalten übrigens oft Zusätze von Konservierungsmitteln und teilweise auch Farbstoffen. Der Kauf von biologischen Oliven lohnt sich.

Speiseoliven werden meist nach ihrem Herkunftsland benannt. Es gibt Hunderte von Olivensorten. Allgemein gelten griechische und italienische Oliven als die besten. Aber auch Frankreich und Spanien haben gute Oliven. Eine sehr bekannte und gute Frucht kommt auch aus Griechenland, aus der Region von Kalamáta.

Die Inhaltsstoffe

– ca. ²/₃ Wasser
– ca. ¹/₄ Fett
– wenig Eiweiß
– kleine Mengen von Kalzium, Phosphor, Kalium und Magnesium
– in Spuren Zink, Eisen, Kupfer und Mangan
– Mineralsalze

Oliven aufbewahren

Wer in Salzwasser eingelegte Oliven offen kauft oder ein angebrochenes Glas nicht sofort aufbrauchen will, kann die Früchte in einem Steinguttopf mit Deckel mit Olivenöl bedecken und ohne Kühlung problemlos längere Zeit lagern. Für zusätzliche Würze sorgen Knoblauch, Peperoncini/Chilischoten und Kräuter. Mindestens 2 bis 3 Wochen gut durchziehen lassen.

Oliven entsteinen

Am besten entsteint man die Oliven mit einem Olivenentsteiner, den man in Frankreich und Italien kaufen kann. Oder man probiert es bei großen Oliven mit einem Entsteiner für Kirschen.

Schwarze Oliven können je nach Sorte auch gut mit einem Küchenmesser entsteint werden.

Bei grünen Oliven ist das Entsteinen von Hand relativ aufwändig, da die Früchte ja noch nicht ganz reif sind und sich das Fleisch deshalb nur schwer vom Stein lösen lässt.

Olivenrezepte

Gerichte und Saucen

Austernpilze provençale

3 EL Olivenöl nativ extra
2 Zwiebeln
2 Knoblauchzehen
350 g Tomaten
1 TL Provencekräuter
400 g Austernpilze
2 1/2 dl/250 ml trockener Weißwein oder Gemüsebrühe
1 TL Rotweinessig
Meersalz
frisch gemahlener Pfeffer
2 EL fein gehackte Petersilie

1. Knoblauchzehen und Zwiebeln schälen und fein hacken. Tomaten an der Spitze kreuzweise einschneiden, in einem Schaumlöffel in kochendes Wasser tauchen, bis sich die Haut löst. Früchte unter kaltem Wasser abschrecken, dann schälen und Stielansatz entfernen, klein würfeln. Austernpilze putzen, in feine Streifen schneiden.

2. Zwiebeln, Knoblauch und Tomaten im Olivenöl andünsten. Die Provencekräuter beifügen und etwa 3 Minuten mitdünsten. Austernpilze, Weißwein und Rotweinessig beifügen, aufkochen, bei schwacher Hitze rund 10 Minuten köcheln. Mit Salz und Pfeffer abschmecken. Die Petersilie unterrühren.

Tipp Als warme Vorspeise servieren.

Abbildung oben

Toskanischer Brotsalat

800 g altbackenes Weiß- oder Ruch-/Schwarzbrot
3 rote Zwiebeln
2 Knoblauchzehen
500 g Tomaten

Sauce
2 EL Balsamico- oder Rotweinessig
frisch gemahlener Pfeffer
Kräutermeersalz
6 EL Olivenöl nativ extra
Petersilie und Basilikum

1. Das Brot in Scheiben schneiden, 5 Minuten im Wasser einweichen, dann gut ausdrücken und mit einer Gabel fein zerpflücken.

2. Die Zwiebeln schälen, in feine Scheiben schneiden. Die Knoblauchzehen schälen, fein hacken. Die Tomaten je nach Größe vierteln oder achteln, Stielansatz entfernen. Die Petersilie fein hacken, das Basilikum fein schneiden.

3. Brot, Zwiebeln und Knoblauch mit der Sauce mischen. 15 Minuten ziehen lassen. Zusammen mit den Tomaten auf Tellern anrichten.

Abbildung unten

Fenchel-Carpaccio

2 Fenchelknollen
$1/2$ Zitrone, Saft
5 EL Olivenöl nativ extra
Meersalz

1. Fenchelknollen putzen, mit einem scharfen Messer oder mit der Aufschnittmaschine längs in sehr feine Scheiben schneiden und auf einer Platte anrichten.
2. Die Fenchelscheiben mit Zitronensaft und Olivenöl beträufeln. Mit wenig Salz würzen.

Süßer Orangensalat «Nicola»

4 süße Orangen
1–2 EL Akazienhonig
1–2 EL Olivenöl nativ extra

1. Die Orangen mit einem scharfen Messer schälen, die weißen Häutchen nicht entfernen. Die Früchte in Scheiben schneiden, entkernen und halbieren.
2. Die Orangenscheiben auf Teller verteilen. Mit dem Honig einpinseln und dem Olivenöl beträufeln. 10 Minuten marinieren.

Tipp Als Dessert servieren.

Steinpilz-Fenchel-Salat

1 großer Fenchel
200 g Steinpilze
2 EL Olivenöl nativ extra
1 Knoblauchzehe
Meersalz
frisch gemahlener Pfeffer
Balsamico-Essig
Olivenöl nativ extra oder
    Limonenöl, zum Beträufeln
gehackter Kerbel

1. Fenchel putzen, auf dem Gemüsehobel fein hobeln. Auf flache Teller verteilen.
2. Die Steinpilze mit einem trockenen oder leicht feuchten Tuch abreiben und putzen, in Streifen schneiden. Eine Gusseisenpfanne oder eine beschichtete, stark erhitzbare Bratpfanne aufheizen. Die Pilze zusammen mit dem Olivenöl in die Pfanne geben und unter ständigem Bewegen 4 bis 5 Minuten braten. Die Knoblauchzehen dazupressen und unterrühren. Mit Salz und Pfeffer leicht würzen.
3. Die noch warmen Pilze auf dem Fenchel anrichten. Balsamico-Essig und Olivenöl darüber träufeln. Mit gehacktem Kerbel garnieren.

Abbildung

Meeresfrüchtesalat mit Oliven und Rucola

400 g gemischte Meeresfrüchte
400 g fest kochender Fisch, z. B. Petersfisch oder Meerwolf, gewürfelt
50 g entsteinte schwarze Oliven
je 1 rote und gelbe Peperoni/ Paprikaschote
2 mittelgroße Tomaten
wenig Stangensellerie
1 Bund Rucola

Sauce
1 Zitrone, Saft
$1/2$ EL Balsamico-Essig
Meersalz
frisch gemahlener Pfeffer
6 EL Olivenöl nativ extra
1 Knoblauchzehe

1. Die Meeresfrüchte und die Fischwürfel im Dämpfeinsatz 5 bis 10 Minuten garen. Abkühlen lassen.

2. Die Peperoni halbieren, den Stielansatz und die Kerne entfernen. Fruchthälften in Quadrate schneiden. Die Tomaten vierteln oder achteln, den Stielansatz entfernen. Den Stangensellerie in feine Scheiben schneiden.

3. Die Sauce zubereiten. Geschälte Knoblauchzehe dazupressen.

4. Sämtliche Zutaten, außer Rucola, mit der Sauce mischen. Marinieren.

5. Kurz vor dem Servieren die klein geschnittene Rucola untermischen.

Variante Für die Sauce 4 Esslöffel Olivenöl und 2 EL Limonenöl nehmen.

Löwenzahnsalat mit Knoblauchcroûtons

*4 Hand voll junge Löwenzahnblätter
 oder Rucola*
1 Schalotte

Sauce
2 EL Apfel- oder Weißweinessig
Meersalz
frisch gemahlener Pfeffer
4 EL Olivenöl nativ extra

Croûtons
*2 Scheiben Vollkorntoastbrot,
 ohne Rinde*
2 EL Olivenöl nativ extra
2 Knoblauchzehen

1. Den Löwenzahn gründlich waschen. Die Schalotte schälen und fein hacken.
2. Für die Sauce Zutaten verrühren.
3. Das Toastbrot klein würfeln. Brotwürfelchen mit dem durchgepressten Knoblauch im Olivenöl langsam braten.
4. Salat und Schalotten mit der Sauce vermengen, anrichten. Brotwürfelchen darüber streuen.

Tipp Etwa eine Hand voll schwarze Oliven unter den Salat mischen. Mit italienischem Ziegenfrischkäse servieren. Eine Delikatesse!

Griechischer Bauernsalat

*je 2 rote und grüne
 Peperoni/Paprikaschoten*
4 Tomaten
1 Freilandgurke
2 Sprosse Stangensellerie
2 kleine Zwiebeln
200 g griechischer Schafskäse
100 g schwarze Oliven

Sauce
*2 EL Weißweinessig oder
 Zitronensaft*
Meersalz
frisch gemahlener Pfeffer
Oregano
4–6 EL Olivenöl nativ extra

1. Die Peperoni halbieren, den Stielansatz und die Kerne entfernen. Fruchthälften in kleine Quadrate schneiden. Die Tomaten vierteln und den Stielansatz entfernen. Die Freilandgurke mit Schale in Scheiben schneiden. Die Zwiebel schälen, in feine Scheiben schneiden.
2. Das Gemüse und die Zwiebeln mit der Sauce vermengen.
3. Den Salat auf Teller verteilen. Mit dem Feta und den Oliven garnieren.

Tipp Für eine leichte sommerliche Mahlzeit mit Focacce, Seite 94, oder Bruschetta, Seite 100, servieren.

Mais-Avocado-Salat mit Rucola

2–3 Maiskolben oder
300 g Maiskörner aus dem Glas
2 kleine Avocados, ca. 300 g
½ Zitrone, Saft
50 g schwarze Oliven
2 Bund Rucola

S a u c e
2 EL weißer Balsamico-Essig
frisch gemahlener Pfeffer
Kräutermeersalz
4 EL Olivenöl nativ extra
1 Knoblauchzehe

1. Bei den Maiskolben Hüllblätter und Bartfäden entfernen. Maiskörner mit einem scharfen Messer von den Kolben schneiden und im Dampf 2 bis 3 Minuten garen.
2. Die Avocados schälen, halbieren, den Stein entfernen. Das Fruchtfleisch klein würfeln, sofort mit dem Zitronensaft beträufeln, damit es sich nicht verfärbt.
3. Rucolablätter von den Stielen zupfen, in Streifen schneiden. Die Sauce zubereiten. Die Knoblauchzehe schälen und dazupressen.
4. Maiskörner, Avocados, Oliven und Rucola mit der Sauce vermengen.

Abbildung unten

Sardischer Maissalat mit Feta

2 Maiskolben oder
200 g Maiskörner aus dem Glas
je ½ rote und grüne Peperoni/
*   Paprikaschote*
½ Salatgurke
100 g Feta
1 kleine Zwiebel
1 EL fein gehackte Petersilie
einige Basilikumblätter

S a u c e
3 EL weißer Balsamico-Essig
frisch gemahlener Pfeffer
Kräutermeersalz
3 EL Olivenöl nativ extra
1 Knoblauchzehe

1. Bei den Maiskolben Hüllblätter und Bartfäden entfernen. Maiskörner mit einem scharfen Messer von den Kolben schneiden und im Dampf 2 bis 3 Minuten garen.
2. Die Peperoni entkernen, in kleine Quadrate schneiden. Die Gurkenhälfte samt Schale würfeln. Den Feta ebenfalls würfeln. Die Zwiebel schälen und in feine Scheiben schneiden. Das Basilikum in Streifen schneiden.
3. Die Sauce zubereiten, die Knoblauchzehe schälen und dazupressen. Alle Zutaten beifügen und mit der Sauce vermengen.

Abbildung oben

Französischer Bauernsalat

250 g grüne Bohnen
2 hart gekochte Freilandeier
1 Kopfsalat
je 1 gelbe, grüne und rote Peperoni/Paprikaschote
1 große rote Zwiebel
4 mittelgroße Tomaten
8 in Öl eingelegte Artischockenherzen
200 g schwarze und grüne Oliven, eventuell entsteint
6 Sardellenfilets, gehackt
1 Dose Thunfisch, zerpflückt

Sauce
2–4 EL Rotweinessig
Meersalz
frisch gemahlener Pfeffer
6–8 EL Olivenöl nativ extra
Basilikum, Petersilie
2 Knoblauchzehen

1. Die Bohnen putzen, im Dampf knackig garen, unter kaltem Wasser abschrecken. Die Eier schälen und vierteln. Bei den Tomaten den Stielansatz entfernen, in Spalten schneiden. Den Kopfsalat in die einzelnen Blätter zerlegen, in Streifen schneiden. Die Peperoni halbieren, den Stielansatz und die Kerne entfernen, quer in Streifen schneiden. Die Zwiebel in feine Scheiben schneiden.

2. Für die Sauce Essig, Salz, Pfeffer und Olivenöl verrühren. Das Basilikum in Streifen schneiden, die Petersilie fein hacken und zur Sauce geben. Den Knoblauch dazupressen.

3. Bohnen, Kopfsalat, Peperoni, Zwiebeln, Sardellen und Thunfisch mit der Sauce mischen.

4. Salat auf Tellern anrichten. Mit Ei, Tomaten, Artischockenherzen und Oliven garnieren.

Tipp Mit einigen Tropfen Limonenöl abschmecken.

Abbildung unten

Pikanter Orangen-Oliven-Salat

4 süße Orangen
10 entsteinte schwarze Oliven
100 g Mozzarella, vorzugsweise aus Büffelmilch, klein gewürfelt
frisch gemahlener Pfeffer
1 Prise Meersalz
2 EL Olivenöl nativ extra

1. Die Orangen mit einem scharfen Messer großzügig schälen, auch die weißen Häutchen entfernen. Die Früchte quer in feine Scheiben schneiden, die Kerne entfernen, auf Tellern anrichten.

2. Die Oliven halbieren, zusammen mit den Käsewürfelchen auf die Orangenscheiben verteilen. Mit Pfeffer und Salz würzen. Mit dem Olivenöl beträufeln.

Variante Für dieses Rezept eignen sich anstelle von Orangen auch Zitronen.

Abbildung oben

Frischer Ziegenkäse in Olivenöl

600 g frischer Ziegenkäse
Kräuter und Oliven, nach Belieben
1–2 Knoblauchzehen
6–7 dl/600–700 ml Olivenöl nativ extra

1. Den Ziegenkäse zusammen mit den Kräutern, den Oliven und dem Knoblauch in ein Einmachglas geben. So viel Olivenöl dazugießen, dass der Käse gut bedeckt ist. 2 Tage marinieren.

Tipp Dieser Ziegenkäse ist unwiderstehlich gut; er wird nie alt werden. Zu Salat oder gerösteten Brotscheiben servieren.

Abbildung unten

Crostini mit Tomaten und Rucola

500 g Fleischtomaten
1 Hand voll Rucola
½ Bund frisches Basilikum
400 g Vollkorn- oder Ruchbrot-/
   Schwarzbrotscheiben
3 Knoblauchzehen
Kräutermeersalz
frisch gemahlener Pfeffer
Olivenöl nativ extra

1. Die Tomaten an der Spitze kreuzweise einschneiden, dann in einem Schaumlöffel in kochendes Wasser tauchen, bis sich die Haut löst, zuerst unter kaltem Wasser abschrecken, dann schälen, den Stielansatz entfernen. Die Tomaten fein hacken, in einem Chromstahlsieb 30 Minuten abtropfen lassen. Den Saft für eine Suppe auffangen.
2. Backofen auf 230 °C vorheizen.
3. Die Rucola und das Basilikum fein schneiden, mit den gehackten Tomaten mischen.
4. Die Brotscheiben mit Knoblauch einreiben, im Ofen beidseitig bräunen.
5. Den Tomatenhack auf die Brotscheiben verteilen. Mit Salz und Pfeffer würzen und mit wenig Olivenöl beträufeln.

Tipp Mit Limonenöl abschmecken.

Abbildung oben

Gefüllte Kräuterpilze

12 große Champignons

4 EL Olivenöl nativ extra
1 Zwiebel
1–2 Knoblauchzehen
1/2 Bund glattblättrige Petersilie, fein gehackt
1/2 Bund Basilikum, fein gehackt
frischer Thymian, fein gehackt
30 g Vollkornbrotbrösel oder geriebene Mandeln
Kräutermeersalz
frisch gemahlener Pfeffer

1. Die Champignons trocken abreiben, nach Möglichkeit nicht waschen. Stiele herausdrehen (für eine Suppe verwenden). Die Pilzhüte in eine eingeölte Gratinform legen.
2. Backofen auf 220 °C vorheizen.
3. Für die Füllung die Zwiebel schälen, fein hacken, zusammen mit den durchgepressten Knoblauchzehen im Olivenöl kurz andünsten. Gehackte Kräuter dazugeben, kurz mitdünsten. Brotbrösel unterrühren. Mit Kräutersalz sowie Pfeffer würzen. Die Pilze damit füllen.
4. Gefüllte Pilze im vorgeheizten Ofen bei 220 °C 15 bis 20 Minuten backen.

Tipp Für eine Hauptmahlzeit für zwei Personen mit Naturreis und Salat servieren.

Austernpilze

500 g Austernpilze
4–5 EL Olivenöl nativ extra
Meersalz
frisch gemahlener Pfeffer

1. Backblech mit Olivenöl einpinseln.
2. Geputzte Pilze auf das Blech legen, würzen, wenig Olivenöl darüber träufeln.
3. Austernpilze bei 180 °C rund 30 Minuten schmoren, bis sie weich sind. Mit frischem Olivenöl beträufeln. Ein Hochgenuss!

Auberginenpüree

2 mittelgroße Auberginen
Meersalz
2 EL Olivenöl nativ extra

2–3 EL Olivenöl nativ extra
frisch gemahlener Pfeffer
2 Knoblauchzehen

1. Die Auberginen schälen und beidseitig kappen, in Würfel schneiden. In eine Gratinform verteilen. Mit wenig Salz würzen, das Olivenöl (2 EL) darüber träufeln. Im vorgeheizten Ofen bei 200 °C etwa 20 Minuten schmoren, bis sie sehr weich sind. Ab und zu wenden.

2. Das Auberginenfleisch mit einer Gabel zerdrücken oder mit dem Stabmixer pürieren. Mit Olivenöl, Pfeffer sowie durchgepressten Knoblauchzehen kräftig abschmecken.

Tipp Das Auberginenpüree als Dip, Brotaufstrich, mit Petersilie bestreut als Vorspeise oder zu Salat servieren. Passt auch ausgezeichnet zu gebratenem Fisch.

Das Originalrezept Die ganzen Auberginen werden im Ofen neben das Feuer gelegt, wo sie rund 40 Minuten schmoren, bis sie sehr weich sind. Die Früchte längs halbieren, das Fleisch herauskratzen und in eine Schüssel geben, mit Olivenöl, Salz, Knoblauch und Pfeffer würzen. Das Ganze mit einer Gabel gut zerdrücken und vermengen. Als Antipasto servieren.

Gebratene Auberginen mit Kräutern

2 mittelgroße Auberginen, ca. 500 g
Meersalz
6–8 EL Olivenöl nativ extra
ca. 3 EL Balsamico-Essig
frisch gemahlener Pfeffer
reichlich frische Kräuter, z. B. Oregano, Petersilie, Basilikum
3 Knoblauchzehen

1. Die Auberginen beidseitig kappen. Früchte längs in 5 mm dicke Scheiben schneiden und auf ein Küchentuch legen. Mit wenig Salz bestreuen, 10 Minuten ziehen lassen.

2. Die Kräuter und die Knoblauchzehen fein hacken.

3. Die Auberginenscheiben trocknen, in einer beschichteten Bratpfanne im Olivenöl beidseitig braten. In einem Sieb abtropfen lassen.

4. Auberginenscheiben anrichten, mit Balsamico-Essig, Olivenöl und Pfeffer abschmecken. Kräuter und Knoblauch darüber streuen.

Tipp Als Vorspeise servieren oder für ein kaltes Buffet verwenden.

Peperonischiffchen mit Avocadocreme

4 gemischte Peperoni/Paprikaschoten

Avocadocreme
2 weiche Avocados
1 EL Zitronensaft
200 g Ricotta
2 EL Olivenöl nativ extra
2 Knoblauchzehen
1 Bund Basilikum
je 2 EL fein gehackte grüne und
　schwarze Oliven
Kräutermeersalz
frisch gemahlener Pfeffer

1. Die Peperoni halbieren, Stielansatz und Kerne entfernen. Je nach Größe halbieren oder vierteln.

2. Die Avocados halbieren und den Kern herauslösen. Fruchtfleisch mit einem Esslöffel aus der Schale lösen, mit dem Zitronensaft mit einer Gabel sehr fein zerdrücken. Den Ricotta und das Olivenöl unterrühren. Die Knoblauchzehen dazupressen. Basilikum in Streifen schneiden, zusammen mit den Oliven unterrühren. Würzen.

3. Avocadocreme auf die Peperonischiffchen verteilen. Nur kurz stehen lassen, damit die Creme ihre frische Farbe behält.

Gemüse, Pilze und Salbei im Ausbackteig

Gemüse
kleine Auberginen, Spargelspitzen, Fenchel, kleine Zwiebeln, Blumenkohl und Brokkoli, Peperoni/Paprikaschoten, Pilze wie Champignons, Austernpilze, Pfifferlinge, Salbeiblätter

Teig
3 Freilandeier
2 EL Olivenöl nativ extra
1,6 dl/160 ml Wasser oder Bier
1 TL Meersalz
200 g Mehl

Olivenöl zum Frittieren

Zitronenspalten für die Garnitur

1. Gemüse putzen. Auberginen erst kurz vor dem Frittieren in Scheiben schneiden, Spargelspitzen auf etwa 8 cm kürzen (Reste anderweitig verwenden), Fenchel in Streifen schneiden, Zwiebeln halbieren, Blumenkohl und Brokkoli in Röschen brechen (den Strunk anderweitig verwenden), Zucchini in Scheiben schneiden, Pilze mit einem trockenen Tuch abreiben, große Pilze halbieren oder vierteln.

2. Fenchel, Blumenkohl, Brokkoli und Peperoni im Dampf knackig garen. Unter kaltem Wasser abschrecken.

3. Für den Teig Eigelbe, Olivenöl und Wasser oder Bier verquirlen. Das Salz und das Mehl beifügen, zu einem glatten Teig rühren. 30 Minuten ruhen lassen. Das Eiweiß steif schlagen, unterziehen.

4. Frittieröl erhitzen. Gemüse, Pilze und Salbei portionenweise durch den Teig ziehen, frittieren. Auf Küchenpapier abtropfen lassen. Warm oder kalt essen.

Tipp Mit Limonenöl beträufeln.

Spargelomelett

400–500 g grüner Spargel
4 EL Olivenöl nativ extra

4 Freilandeier
4 EL geriebener Parmesan
Meersalz
frisch gemahlener Pfeffer
1 Msp Chilipulver

1. Das untere Drittel beim Spargel schälen, die Schnittstelle kappen und in 3 cm lange Stücke schneiden.
2. Den Spargel in einer beschichteten Bratpfanne im Olivenöl bei schwacher Hitze dünsten.
3. Die Eier verquirlen, geriebenen Parmesan unterrühren. Würzen.
4. Den Eierguss über den Spargel gießen und bei schwacher Hitze stocken lassen. Vorsichtig wenden und fertig braten.

Tipp Mit einem knackigen Saisonsalat servieren.

Knoblauchzehen in Olivenöl

20 große Knoblauchzehen

Apfelessig
Olivenöl nativ extra
Meersalz
frisch gemahlener schwarzer Pfeffer
getrockneter Oregano

1. Die Knoblauchzehen schälen und 2 Minuten in kochendem Salzwasser blanchieren. Das Kochwasser abgießen und die Knoblauchzehen trocknen lassen.
2. Zum Einlegen eine Mischung aus etwa $1/3$ Essig und $2/3$ Olivenöl zubereiten und gut würzen. Die Knoblauchzehen mindestens 5 Tage einlegen.

Tipp Zu Raclette servieren oder für Vorspeisen und Salate verwenden.

Zucchini-Schafskäse-Röllchen

2–3 Zucchini

Füllung
125 g frischer Schafs- oder Ziegenkäse
1 Knoblauchzehe
5 Basilikumblätter
5 entsteinte schwarze oder grüne Oliven
frisch gemahlener Pfeffer
Kräutermeersalz
1 Prise abgeriebene Schale einer
   unbehandelten Zitrone

Zitronenvinaigrette
1 Zitrone, Saft
1 Prise Meersalz
frisch gemahlener Pfeffer
4 EL Olivenöl nativ extra

frisches Basilikum oder Basilikumblüten,
   für die Garnitur

1. Die Zucchini auf dem Gemüsehobel oder mit der Brotschneidemaschine in sehr dünne Längsstreifen schneiden. Im Dampf kurz blanchieren.

2. Für die Füllung den Käse mit einer Gabel fein zerdrücken, geschälte Knoblauchzehe dazupressen. Fein geschnittene Basilikumblätter unterrühren. Die Oliven hacken und unterrühren. Mit Pfeffer, Kräutersalz und Zitronenschale würzen.

3. Die Käsepaste gleichmäßig auf die Zucchinistreifen streichen, aufrollen, auf einer Platte anrichten.

4. Für die Vinaigrette alle Zutaten verrühren.

Tipp Zucchiniröllchen und Vinaigrette als Vorspeise servieren. Nach Belieben mit ein paar Tropfen Olivenöl beträufeln.

Variante Zucchini durch Auberginen ersetzen. Nach Belieben mit Olivenöl beträufeln.

Kartoffelpüree mit Oliven

1 kg mehlig kochende Kartoffeln
½ l heiße Milch
Meersalz
frisch gemahlener Pfeffer
geriebene Muskatnuss
Olivenöl nativ extra
*15 entsteinte schwarze Oliven,
    fein gehackt*

Kartoffeln schälen und in mittelgroße Würfel schneiden, im Dampf weich garen. Die heißen Kartoffeln durch das Passevite drehen/die Kartoffelpresse drücken. So viel heiße Milch unterrühren, bis das Püree die richtige Konsistenz hat. Mit Salz, Pfeffer sowie Muskatnuss würzen, mit Olivenöl abschmecken. Die gehackten Oliven unterrühren.

Tipp Mit Gemüse servieren.

Toskanischer Bohneneintopf

250 g große weiße Bohnen/Saubohnen

2 EL Olivenöl nativ extra
1 Zwiebel, 1 Zucchino
2 große fest kochende Kartoffeln
Meersalz, schwarzer Pfeffer
2 Zweiglein Thymian
2 EL Tomatenpüree
3 dl/300 ml Gemüsebrühe

reichlich fein gehackte Petersilie
2 EL Olivenöl nativ extra

1. Weiße Bohnen über Nacht in kaltem Wasser einlegen. Einweichwasser weggießen. Mit viel frischem Wasser aufkochen, Bohnen bei mittlerer Hitze weich garen, etwa 75 Minuten. Abgießen.

2. Zwiebel schälen, fein hacken, Zucchino beidseitig kappen und würfeln. Kartoffeln schälen und klein würfeln.

3. Zwiebeln im Olivenöl andünsten. Zucchini zugeben, kurz mitdünsten. Kartoffeln beifügen. Mit Salz und Pfeffer würzen. Gezupfte Thymianblättchen und Tomatenpüree zugeben. Gemüsebrühe angießen, aufkochen, 10 Minuten bei schwacher Hitze kochen. Bohnen unterrühren, weiterkochen, bis die Kartoffeln gar sind. Mit Petersilie und Olivenöl abschmecken.

Abbildung

Peperonata siciliana

3 EL Olivenöl nativ extra
1 Zwiebel
1 Knoblauchzehe
3–4 gemischte Peperoni/Paprikaschoten
4 getrocknete Tomaten
2 EL schwarze Oliven
3 dl/300 ml Wasser
frisch gemahlener Pfeffer
Kräutermeersalz
½ Bund glattblättrige Petersilie
wenig Olivenöl nativ extra

1. Die Zwiebel und die Knoblauchzehe schälen und fein hacken. Die Peperoni halbieren, den Stielansatz und die Kerne entfernen, in nicht zu große Quadrate schneiden. Die Tomaten würfeln. Die Petersilie fein hacken.

2. Zwiebeln und Knoblauch im Olivenöl andünsten. Peperoni, Tomaten sowie Oliven beifügen. Das Wasser zugeben und aufkochen, bei schwacher Hitze weich garen. Mit Salz und Pfeffer würzen.

3. Kurz vor dem Servieren gehackte Petersilie unterrühren. Mit wenig Olivenöl abschmecken.

Tipp Passt zu Polenta, Reis, Lammfleisch und Fisch.

Abbildung oben

Gefüllte Tomaten siciliana

4 große Tomaten
2 EL Olivenöl nativ extra
1 Zwiebel
2 Knoblauchzehen
½ Bund glattblättrige Petersilie
½ Zitrone, Saft
100 g Sardinen
50 g entsteinte schwarze Oliven
2 EL gehackte Kapern
2 EL Olivenöl nativ extra
4 EL Vollkornbrotbrösel
4 EL geriebener Parmesan oder Pecorino
Meersalz
frisch gemahlener Pfeffer

1. Den Tomaten einen Deckel abschneiden, Früchte sorgfältig aushöhlen. Das Fruchtfleisch für eine Sauce verwenden. Zwiebel und Knoblauchzehen schälen und fein hacken. Petersilie und Sardinen hacken. Oliven in Streifchen schneiden.

2. Backofen auf 180 °C vorheizen.

3. Zwiebeln und Knoblauch im Olivenöl andünsten, Petersilie mitdünsten. Topf von der Wärmequelle nehmen, restliche Zutaten unterrühren, würzen. In die Tomaten füllen.

4. Die Tomaten in eine ofenfeste Form stellen. Im vorgeheizten Ofen bei 180 °C 30 Minuten backen.

Tipp Mit Risotto servieren.

Abbildung unten

Gemüseterrine Napoli

4–5 mittelgroße Zucchini
400 g Auberginen
1 EL Olivenöl nativ extra
500 g gelbe Peperoni/Paprikaschoten
1 EL Olivenöl nativ extra
6 Freilandeier
8 große Basilikumblätter

1. Die Zucchini beidseitig kappen. Die Schale mit dem Sparschäler streifenweise abziehen (das Fruchtfleisch anderweitig verwenden). Die Schalen im Dampf kurz garen, unter kaltem Wasser abschrecken und auf Küchenpapier trocknen lassen.

2. Eine Terrineform oder eine längliche Glasform mit Öl sparsam einpinseln und mit Bratfolie auskleiden. Zucchinistreifen quer in die Form legen, und zwar immer zwei Streifen auf gleicher Höhe, die sich am Boden überlappen, auch seitlich sollen sich die Streifen leicht überlappen. Mit den überstehenden Teilen wird die Terrine am Schluss zugedeckt.

3. Die Auberginen zuerst auf beiden Seiten kappen, dann klein würfeln, im Olivenöl weich dünsten.

4. Peperoni im Backofen auf höchster Stufe oder auf Grillstufe rösten, bis die Haut dunkel ist und Blasen wirft. Aus dem Ofen nehmen und mit einem feuchten Tuch bedecken, etwas abkühlen lassen. Die Haut abziehen, die Früchte halbieren, Stielansatz und Kerne entfernen, die Hälften in kleine Quadrate schneiden. Im Olivenöl weich dünsten.

5. Backofen auf 180 °C vorheizen.

6. Das gedünstete Gemüse getrennt mit je 3 Eiern im Mixer pürieren. Würzen mit Salz und Pfeffer.

7. Auberginenpüree in die Form füllen und glatt streichen. Mit Basilikumblättern belegen. Mit dem Peperonipüree auffüllen. Die Zucchinistreifen darüber legen.

8. Die Gemüseterrine in eine große ofenfeste Form stellen. Bis auf etwa

Feine Maisschnitten

$^2/_3$ Höhe mit warmem Wasser füllen. Im vorgeheizten Ofen bei 180 °C 60 bis 90 Minuten pochieren. Garprobe mit einer Stricknadel machen; sie soll sauber bleiben.

Tipp Terrine mit einer kalten Tomatensauce und mit einem bunten Blattsalat servieren.

Mitbringsel Ein schönes Dankeschön für eine Einladung. Auch ideal für ein kaltes Buffet.

$^1/_2$ l Milch
1 TL Meersalz
frisch gemahlener Pfeffer
100 g Maisgrieß
1 dl/100 ml Olivenöl nativ extra
2 Freilandeier, Eigelbe und
   Eiweiß getrennt

1. Milch, Salz und Pfeffer aufkochen. Den Maisgrieß einrieseln lassen, bei schwacher Hitze unter häufigem Rühren zu einem Brei einkochen lassen. Von der Wärmequelle nehmen. Das Olivenöl und das Eigelb unterrühren.
2. Backofen auf 180 °C vorheizen.
3. Ein rechteckiges Backblech mit Backpapier belegen.
4. Eiweiß nicht ganz steif schlagen, unter die Maismasse ziehen. Auf dem Backpapier etwa 1 cm hoch ausstreichen.
5. Maisschnitten im vorgeheizten Ofen bei 180 °C 30 bis 40 Minuten backen. In Stücke schneiden.

Tipp Die Maisschnitten schmecken lauwarm am besten. Mit einem Saisonsalat servieren.

Abbildung

Gefüllte Peperoni

4 gelbe Peperoni/Paprikaschoten

4 große Fleischtomaten
Meersalz
frisch gemahlener Pfeffer
4 Knoblauchzehen
1 Bund Basilikum
4 EL Olivenöl nativ extra
150 g Mozzarella oder
100 g geriebener Parmesan
Basilikum für die Garnitur

1. Peperoni samt Stiel halbieren und entkernen, innen mit Salz und Pfeffer würzen.
2. Backofen auf 180 °C vorheizen.
3. Tomaten an der Spitze kreuzweise einschneiden, in einem Schaumlöffel in kochendes Wasser tauchen, bis sich die Haut löst, schälen, Stielansatz entfernen, Tomaten grob hacken oder in Schnitze schneiden, mit Salz und Pfeffer sowie dem durchgepressten Knoblauch und dem fein geschnittenen Basilikum würzen.
4. Die Peperonihälften in ofenfeste Formen stellen, mit den Tomaten füllen. Wenig Olivenöl darüber träufeln.
5. Peperoni bei 180 °C 45 Minuten schmoren. Etwa 10 Minuten vor Ende der Backzeit den grob gehackten Mozzarella oder den geriebenen Parmesan auf die Tomaten verteilen. Vor dem Servieren mit Basilikum garnieren.

Tipp Mit Ofenkartoffeln oder Naturreis servieren.

Kürbisauflauf provençale

800 kg fruchtiges Kürbisfleisch
1 dl/100 ml Olivenöl nativ extra
1 Zwiebel, fein gehackt
1 grüne Peperoni/Paprikaschote
4 geschälte Tomaten, gewürfelt

Guss
2 Freilandeier
1 Becher (1,8 dl/180 g) Rahm/
 süße Sahne
150 g geriebener Parmesan oder
 Pecorino
5 EL Vollkornbrotbrösel
Kräutermeersalz
frisch gemahlener Pfeffer
reichlich frische Kräuter, z. B. Thymian
 und Rosmarin, fein gehackt
50 g entsteinte schwarze Oliven

1. Kürbisfleisch in mittelgroße Würfel schneiden. Die Peperoni halbieren und entkernen, klein würfeln. Die Tomaten an der Spitze kreuzweise einschneiden, in einem Schaumlöffel in kochendes Wasser tauchen, bis sich die Haut löst, unter kaltem Wasser abschrecken, Stielansatz entfernen, Tomaten würfeln.

2. Kürbiswürfelchen in 2 Esslöffeln Olivenöl andünsten, in eine eingeölte ofenfeste Form füllen und leicht salzen.

3. Zwiebeln sowie Peperoni in der Kürbispfanne im restlichen Olivenöl andünsten. Tomaten kurz mitdünsten. Mit dem Kürbis vermengen.

4. Backofen auf 200 °C vorheizen.

5. Eier und Rahm verrühren. Die Hälfte des Käses unterrühren. Mit Salz und Pfeffer abschmecken. Über das Gemüse gießen. Restlichen Käse, Brotbröseln und Kräuter mischen. Über den Auflauf verteilen. Oliven darüber streuen.

6. Kürbisauflauf im vorgeheizten Ofen bei 200 °C 35 bis 45 Minuten backen.

Gemüserisotto mit Oliven

200 g Rundkorn-Naturreis
4 dl/400 ml Wasser
1 Lorbeerblatt

Gemüse
1 kleine Zwiebel
1 Knoblauchzehe
2 EL Olivenöl nativ extra
300 g Spinat
300 g grüner Spargel
200 g Brokkoli
ca. 3 dl/300 ml Gemüsebrühe
12 grüne Oliven
Meersalz
frisch gemahlener Pfeffer
wenig Gemüsebrühe oder
  trockener Weißwein
frisch geriebener Parmesan

1. Den Reis zusammen mit dem Wasser und dem Lorbeerblatt aufkochen, auf der ausgeschalteten Wärmequelle 30 bis 40 Minuten quellen lassen. Das Lorbeerblatt entfernen.
2. Die Zwiebel und die Knoblauchzehe schälen und fein hacken. Beim Spargel das untere Drittel schälen, die Schnittstelle kappen. Spitzen auf 5 cm kürzen, den Rest in Scheiben schneiden. Den Brokkoli in Röschen brechen.
3. Den Spinat im Dampf zusammenfallen lassen, in einem Sieb abtropfen lassen.
4. Zwiebeln mit dem Knoblauch im Olivenöl andünsten, Spargelscheiben und Brokkoliröschen zufügen. Mit der Gemüsebrühe aufgießen, aufkochen, 5 Minuten bei schwacher Hitze kochen, Spargelspitzen zufügen, 5 Minuten kochen. Spinat, Reis und Oliven untermischen. Erhitzen. Abschmecken. So viel Brühe oder Weißwein angießen, dass man einen eher feuchten Risotto bekommt. Mit Parmesan und Olivenöl verfeinern.

Poulet mit Gemüseragout und Oliven

1 Freilandpoulet/-hähnchen
Meersalz
frisch gemahlener Pfeffer
1 Msp Paprikapulver
Provencekräuter
8 EL Olivenöl nativ extra
1 mittelgroße Zwiebel
1 Knoblauchzehe
2 Karotten
je 1 gelbe und grüne
　Peperoni/Paprikaschote
500 g Frühkartoffeln
150–200 g schwarze Oliven
2 dl/200 ml Gemüsebrühe oder
　trockener Weißwein

1. Zwiebel und Knoblauchzehe schälen, zerkleinern. Karotten schälen, in Scheiben schneiden. Die beiden Peperoni halbieren, Stielansatz und Kerne entfernen, die Fruchthälften in Vierecke schneiden. Frühkartoffeln waschen, mit Schale längs vierteln.
2. Backofen auf 180 °C vorheizen.
3. Salz, Pfeffer, Paprika und Provencekräuter mit 3 Esslöffeln Olivenöl zu einer Marinade rühren. Poulet mit der Marinade innen und außen gut einpinseln. In eine feuerfeste Form legen, im Ofen bei 180 °C rund 25 Minuten braten.
4. Zwiebeln, Knoblauch, Karotten, Peperoni und Kartoffeln im restlichen Öl andünsten, würzen, mit den Oliven zum Poulet geben. Gemüsebrühe oder Weißwein angießen, weitere 40 Minuten schmoren, bis das Gemüse und die Kartoffeln gar sind.

Marinierte Muscheln provençale

1 kg Miesmuscheln
Zitronenspalten

Muschelsud
1 Zwiebel
300 g Suppengemüse,
    z. B. Knollensellerie, Karotten,
    Lauch usw.
1 dl/100 ml trockener Weißwein
1 dl/100 ml Gemüsebrühe
1 Lorbeerblatt
3 schwarze Pfefferkörner

Marinade
3 EL Olivenöl nativ extra
1 Zitrone, Saft
2 Knoblauchzehen
1 Bund Petersilie
wenig frischer Thymian
$1/2$ Bund Basilikum
Kräutermeersalz

1. Muscheln unter fließendem kaltem Wasser bürsten, in eine große Schüssel legen, mit kaltem Wasser auffüllen, 30 Minuten stehen lassen. Geöffnete Muscheln wegwerfen.

2. Für die Marinade Olivenöl und Zitronensaft gut verrühren. Knoblauchzehen schälen, zur Marinade pressen. Die Petersilie fein hacken, das Basilikum in Streifen schneiden, zusammen mit dem Thymian zur Marinade geben, mit Kräutersalz abschmecken.

3. Für den Muschelsud das Gemüse putzen und zerkleinern, mit Lorbeer, Pfefferkörnern, Weißwein und Gemüsebrühe in einem weiten Kochtopf aufkochen, 5 Minuten kochen. Muscheln beifügen, bei schwacher Hitze zugedeckt 5 Minuten kochen, bis sich die Schalen geöffnet haben. Geschlossene Muscheln wegwerfen. Muscheln aus dem Sud nehmen und halbieren, eine Schalenhälfte wegwerfen.

4. Muscheln anrichten. Marinade darüber träufeln. Mit Zitronenscheiben servieren.

Gedünsteter Meerwolf

für 2 Personen

2 Meerwolf, je ca. 300–400 g, küchenfertig
frische Kräuter, z.B. Thymian, Oregano,
   Rosmarin, gehackt
4 mittelgroße Tomaten
80 g entsteinte schwarze Oliven
2 Knoblauchzehen
1 dl/100 ml trockener Weißwein
2 EL Olivenöl nativ extra
Meersalz

1. Fische unter fließendem kaltem Wasser innen und außen gut waschen, mit Küchenpapier trocken tupfen. Einen Teil der Kräuter in den Fischbauch füllen.
2. Den Ofen auf 200 °C vorheizen.
3. Tomaten an der Spitze kreuzweise einschneiden, in einem Schaumlöffel in kochendes Wasser tauchen, bis sich die Haut löst, unter kaltem Wasser abschrecken. Früchte schälen und Stielansatz entfernen, vierteln.
4. Die Fische in eine eingeölte feuerfeste Form legen. Tomaten, Oliven, geschälte Knoblauchzehen und restliche Kräuter darüber streuen. Weißwein darüber gießen, mit Olivenöl beträufeln. Leicht salzen. Die Form mit Alufolie gut verschließen.
5. Die Fische im vorgeheizten Ofen bei 220 °C 20 Minuten dünsten.
6. Meerwolf mit Tomaten und Oliven anrichten. Wenig Olivenöl oder Limonenöl darüber träufeln.

Abbildung

Gebackener Meerwolf mit Zitronensauce

1 Meerwolf, ca. 800 g, küchenfertig
Meersalz, 3–4 Rosmarinzweige
2 Zitronen, in Scheiben
2 EL Olivenöl nativ extra

Zitronensauce
1 Zitrone, Saft
Meersalz, Pfeffer
1 dl/100 ml Olivenöl nativ extra
2 EL fein gehackte Petersilie

1. Backofen auf 180 °C vorheizen.
2. Den Fisch unter fließendem kaltem Wasser innen und außen waschen. Mit Küchenpapier trocken tupfen. Wenig Salz in den Bauch streuen, Nadeln eines Rosmarinzweiges abstreifen, in den Bauch füllen. Fisch in eine eingeölte ofenfeste Form legen. Mit Olivenöl beträufeln und den Rosmarinzweigen sowie den Zitronenscheiben belegen. Form mit Alufolie schließen.
3. Den Fisch im Ofen bei 180 °C rund 20 Minuten dünsten. Die Folie entfernen, weitere 5 bis 10 Minuten backen.
4. Für die Sauce Zitronensaft, Salz und Pfeffer verrühren. Olivenöl nach und nach unter kräftigem Rühren zufügen. Petersilie unterrühren. Sauce separat servieren.

Seeteufel auf Oliven-Lauch-Gemüse

10 große, entsteinte grüne Oliven
2 EL Pinienkerne
2 Salbeiblätter
2 EL Olivenöl nativ extra
800 g Lauch
½ Bund Petersilie, fein gehackt

600 g Seeteufel, in Scheiben
½ Zitrone, Saft
Kräutermeersalz
frisch gemahlener Pfeffer
Olivenöl nativ extra

1. Die Oliven und die Pinienkerne grob hacken. Den Lauch zuerst putzen, dann längs halbieren und in feine Streifen schneiden. Die Petersilie fein hacken.

2. Oliven, Pinienkerne und Salbei im Olivenöl andünsten. Lauch zugeben und einige Minuten mitdünsten. Eventuell wenig Wasser angießen. Petersilie untermischen. Warm stellen.

3. Den Seeteufel mit dem Zitronensaft beträufeln, einige Minuten marinieren. Trocken tupfen. Würzen mit Kräutersalz und Pfeffer. Im Öl beidseitig kurz braten.

4. Fisch und Oliven-Lauch-Gemüse anrichten.

Tipp *Mit Reis oder Dampfkartoffeln servieren. Mit Limonenöl beträufeln.*

Pasta alle rape

500 g Spaghetti oder Nudeln
300–400 g Cima di Rapa/Stängelkohl

2–4 EL Olivenöl nativ extra
2 Knoblauchzehen
wenig roter Peperoncino/Chilischote
2 dl/200 ml trockener Weißwein oder
  Nudelkochwasser
Meersalz
frisch gemahlener Pfeffer

1. Cima di Rapa putzen, zerkleinern. Knoblauchzehen schälen, grob zerkleinern. Peperoncino nach Belieben entkernen und grob hacken.

2. Spaghetti in reichlich Salzwasser 4 Minuten kochen. Cima di Rapa zufügen und rund 4 Minuten mitkochen, bis die Spaghetti al dente sind. Abgießen.

3. Knoblauch sowie Peperoncini im Olivenöl andünsten, Weißwein oder Kochwasser der Spaghetti zufügen, einige Minuten bei schwacher Hitze kochen. Mit Salz und Pfeffer würzen.

4. Spaghetti mit der Cima di Rapa zur Sauce geben, gut mischen. Mit Olivenöl servieren.

Zum Rezept *Typisches italienisches Wintergericht, einfach, schmackhaft und gesund.*

Varianten *Einige geröstete Pinienkerne darüber streuen. Cima di Rapa durch Brokkoli ersetzen.*

Nudeln mit Brokkoli und Oliven

500 g Brokkoli
350 g Nudeln oder Spaghetti
1 EL Olivenöl nativ extra
1 Zwiebel, fein gehackt
100 g entsteinte schwarze Oliven
2 EL Kapern
Meersalz
frisch gemahlener Pfeffer
2 EL fein gehackte Petersilie
2 EL geriebener Pecorino

1. Brokkoli in Röschen brechen, im Dampf knackig garen, dann unter kaltem Wasser abschrecken.

2. Nudeln in reichlich Salzwasser al dente kochen, abgießen und mit kaltem Wasser abschrecken.

3. Zwiebeln im Olivenöl andünsten, Brokkoli, Oliven und Kapern zugeben, kurz mitdünsten. Mit Salz und Pfeffer abschmecken. Petersilie und Nudeln untermischen, erhitzen. Pecorino untermischen.

Abbildung

Spaghetti mit Knoblauch und Peperoncini

400–500 g Spaghetti

8–10 EL Olivenöl nativ extra
4 Knoblauchzehen
1 kleiner roter Peperoncino/Chilischote
1 Bund glattblättrige Petersilie, fein gehackt
Meersalz
frisch gemahlener Pfeffer

1. Die Knoblauchzehen schälen und fein hacken. Den Peperoncino halbieren, entkernen (ergibt ein milderes Aroma) und in feine Streifen schneiden.

2. Knoblauch im nicht zu heißen Olivenöl andünsten. Sobald er sich gelb verfärbt, Peperoncinistreifchen beifügen und mitdünsten. Ganz am Schluss die Petersilie zugeben. Mit Salz und Pfeffer abschmecken.

3. Spaghetti in reichlich Salzwasser al dente kochen, abgießen. Mit dem Knoblauch-Peperoncini-Olivenöl vermengen. Sofort servieren.

Spaghetti mit roher Tomatensauce

500 g Spaghetti

1 kg Fleischtomaten
2 Knoblauchzehen
1/2 Bund Basilikum
5 EL Olivenöl nativ extra
1 EL Pinienkerne
100 g geriebener Parmesan
Meersalz
frisch gemahlener Pfeffer
Basilikum für die Garnitur

1. Tomaten an der Spitze kreuzweise einschneiden, in einem Schaumlöffel in kochendes Wasser tauchen, bis sich die Haut löst, unter kaltem Wasser abschrecken. Früchte schälen, halbieren, entkernen, den Stielansatz entfernen, klein würfeln. Knoblauchzehen schälen und fein hacken. Die Basilikumblätter in Streifchen schneiden.

2. Tomatenwürfelchen, Knoblauch und Basilikum mit dem Olivenöl mischen. Pinienkerne und Parmesan unterrühren. Mit Salz und Pfeffer abschmecken.

3. Spaghetti in reichlich Salzwasser al dente kochen, abgießen und etwas abkühlen lassen.

4. Die lauwarmen Spaghetti mit der rohen Tomatensauce mischen. Mit dem Basilikum garnieren und einigen Tropfen Olivenöl abrunden.

PASTA **93**

Kastaniennudeln mit Rucola-Morchel-Sauce

300 g Kastaniennudeln
1 TL Olivenöl nativ extra

Sauce
2 EL Olivenöl nativ extra
2 Knoblauchzehen
100 g Rucola
150 g frische Morcheln
2 EL Pinienkerne
150 g Lachs, in Streifen
1 Becher (1,8 dl/180 g) Rahm/süße Sahne
Kräutermeersalz
frisch gemahlener Pfeffer

1. Die Knoblauchzehen schälen. Die Rucolablätter abzupfen und in Streifen schneiden. Die Morcheln längs halbieren, unter fließendem Wasser reinigen, trocknen.
2. Durchgepressten Knoblauch im Olivenöl andünsten. Die Rucola und die Morcheln zugeben, einige Minuten mitdünsten. Pinienkerne, Lachs und Rahm beifügen, bei schwacher Hitze kochen, bis die Sauce die richtige Konsistenz hat. Abschmecken.
3. Für die Nudeln Salzwasser mit dem Olivenöl in einem großen Kochtopf aufkochen. Nudeln al dente kochen, in ein Sieb abgießen.
4. Die Nudeln zur Sauce geben, gut vermengen. In vorgewärmten Tellern anrichten.

Würzige Focacce

*600 g Dinkel- oder Weizenruchmehl/
Mehltype 1050*
1 TL Meersalz
2 EL Olivenöl nativ extra
1 Hefewürfel (42 g)
4 1/2 dl/450 ml lauwarmes Wasser

*Rosmarinnadeln oder Kümmelsamen
oder klein geschnittene Oliven*
Meersalz
Olivenöl nativ extra zum Beträufeln

1. Das Mehl auf die Arbeitsfläche häufen, eine Vertiefung formen. Das Salz auf den Rand streuen, das Olivenöl darüber träufeln. Hefe zerbröckeln und in die Vertiefung geben. Das lauwarme Wasser und das Mehl nach und nach mit dem Hefeteiglein vermengen, zu einem Teig zusammenfügen, auf der Arbeitsfläche 10 Minuten von Hand kneten. Den Teig in eine Schüssel legen, zudecken. An einem warmen Ort eine Stunde gehen lassen.

2. Backofen auf 250 °C vorheizen.

3. Teig in Portionen von 40 bis 50 g teilen, von Hand etwa 5 mm dicke Fladen formen. Mit Rosmarin, Kümmel oder Oliven belegen und mit Salz bestreuen.

4. Focacce im vorgeheizten Ofen bei 250 °C 5 bis 8 Minuten knusprig backen. Mit Olivenöl beträufeln.

Varianten Gehackte schwarze oder grüne oder gemischte Oliven vor dem Portionieren in den Teig kneten. Focacce vor dem Backen mit grobem Meersalz bestreuen. Aus dem Teig Brötchen formen oder den Teig als Pizzaboden verwenden.

Pizza mit Pilzen, Oliven und Rucola

für 2 Pizzas

Pizzateig
350 g Dinkel- oder Weizenruchmehl/
   Mehltype 1050
½ TL Meersalz
1 EL Olivenöl nativ extra
1 Hefewürfel (42 g)
ca. 2½ dl/250 ml lauwarmes Wasser

Belag
200 g frische Steinpilze
2 EL Olivenöl nativ extra
Meersalz, Pfeffer
1 EL Tomatenpüree, Oregano
entsteinte grüne Oliven
1–2 mittelgroße Tomaten, in Scheiben
100 g Mozzarella, in Stückchen
Rucola
Olivenöl nativ extra zum Beträufeln

1. Für den Pizzateig das Mehl auf die Arbeitsfläche häufen, eine Vertiefung formen. Das Salz auf den Rand streuen, das Olivenöl darüber träufeln. Die Hefe zerbröckeln und in die Vertiefung geben. Nach und nach lauwarmes Wasser und Mehl unter die Hefe rühren. Das Ganze zu einem Teig zusammenfügen, auf der Arbeitsfläche 10 Minuten kräftig kneten. Teig in eine Schüssel legen, zudecken. 30 Minuten gehen lassen.

2. Für den Belag Pilze putzen und in Scheiben schneiden. Eine Bratpfanne aufheizen, das Olivenöl zufügen, Pilze bei starker Hitze kurz braten, mit Salz und Pfeffer würzen.

3. Backofen auf 220 °C vorheizen.

4. Pizzateig halbieren, 2 Rondellen von etwa 30 cm Durchmesser ausrollen oder von Hand dünn ausziehen. Tomatenpüree darauf ausstreichen. Pilze, Tomatenscheiben und Oliven darauf verteilen. Oregano darüber streuen. Mit Mozzarellastückchen belegen. Würzen, wenig Olivenöl darüber träufeln.

5. Pizzas im vorgeheizten Ofen bei 220 °C auf der mittleren Schiene rund 15 Minuten backen. Mit Rucola garnieren. Dazu Olivenöl reichen.

Lauch-Sprossen-Pizza

für ein rechteckiges Blech

1 Portion Pizzateig, Seite 96

Belag
650 g Lauch
2 EL Olivenöl nativ extra
300 g Mungobohnensprossen
6 EL dicke Tomatensauce, Seite 98
schwarze und grüne Oliven
Kräutermeersalz, Pfeffer
getrocknete Kräutermischung
200 g Mozzarella, klein geschnitten
2–3 EL Olivenöl nativ extra

1. Lauch putzen, längs halbieren, in feine Streifen schneiden, in einem Esslöffel Olivenöl kurz dünsten. Würzen.
2. Die Mungobohnensprossen im restlichen Olivenöl kurz dünsten.
3. Backofen auf 220 °C vorheizen.
4. Pizzateig auf Blechgröße ausrollen und in die Form legen. Tomatensauce darauf ausstreichen. Lauch, Sprossen und Oliven darauf verteilen. Mit Kräutersalz, Pfeffer und Kräutern würzen. Mozzarella darüber verteilen. Mit dem Olivenöl beträufeln. 10 Minuten gehen lassen.
5. Pizza bei 220 °C rund 15 Minuten backen.

Tipp Mit Limonenöl beträufeln.

Pizzettas mit Löwenzahn und Parmaschinken

1 Portion Pizzateig, Seite 96
200 g Parmaschinken in Scheiben

Tomatensauce
(für die Pizzas genügt 1/2 Portion)
2 EL Olivenöl nativ extra
1 große Zwiebel, 2 Knoblauchzehen
2 EL Tomatenmark
1 kg sehr reife Tomaten, am besten Pelati
1 EL gehackte Kräuter, z. B. Basilikum, Oregano, Petersilie
1 EL Balsamico-Essig
Kräutermeersalz, Pfeffer

Vinaigrette
3 Hand voll junger Löwenzahn
2 EL Balsamico-Essig
3 EL Olivenöl nativ extra
1 EL Baumnuss-/Walnussöl
1 Knoblauchzehe, nach Belieben
Meersalz, 1 Prise Zucker

1. Für die Sauce Tomaten an der Spitze kreuzweise einschneiden, in einem Schaumlöffel in kochendes Wasser tauchen, bis sich die Haut löst, unter kaltem Wasser abschrecken. Die Früchte schälen, den Stielansatz entfernen, zerkleinern. Die Zwiebel und die Knoblauchzehen schälen, fein hacken, im Olivenöl andünsten, das Tomatenmark kurz mitdünsten, die Tomaten beifügen, bei schwacher Hitze zu einer dicklichen Sauce einkochen. Die Kräuter sowie den Essig unterrühren, mit Kräutersalz und Pfeffer abschmecken.

2. Backofen auf 220 °C vorheizen. Die Backbleche mit Backpapier belegen.

3. Pizzateig in 12 Portionen teilen, Kugeln formen und diese 2 mm dick und rund ausrollen, oder den Pizzateig in einem Arbeitsgang ausrollen, Rondellen ausstechen. Auf das Blech legen. Weitere 10 Minuten gehen lassen. Teigrondellen dünn mit Tomatensauce bestreichen, mit dem Schinken belegen.

4. Pizzettas im vorgeheizten Ofen bei 220 °C 10 Minuten backen.

5. Löwenzahn mit heißem Wasser überbrausen, trocken schleudern oder in einem Tuch trocknen. Essig und Öl verrühren, nach Belieben eine Knoblauchzehe dazupressen, mit Salz und Zucker abschmecken. Den Löwenzahn etwas zerkleinern, mit der Vinaigrette vermengen. Auf die gebackenen Pizzas verteilen.

Toskanischer Spinatkuchen mit Oliven

Blitzkuchenteig
275 g Vollkornmehl/ Mehltype 1800
1/2 TL Meersalz
1 3/4 dl/175 ml Wasser
3/4 dl/75 ml Olivenöl nativ extra

Belag
4 EL Olivenöl nativ extra
200 g Zwiebeln, fein gehackt
2 Knoblauchzehen
400 g kleinblättriger Spinat
Kräutermeersalz
frisch gemahlener Pfeffer
Thymian

2 EL Rahm/süße Sahne
2 Freilandeier
50 g entsteinte schwarze Oliven

1. Für den Teig das Mehl mit dem Salz mischen. Wasser aufkochen und die Pfanne von der Wärmequelle nehmen. Das Öl beifügen, 1 Minute mit dem Rühr-/Stabmixer verquirlen, bis die Flüssigkeit emulgiert. Die Flüssigkeit zum Mehl geben, alles zu einem Teig zusammenfügen, nicht kneten. Den Teig leicht auskühlen lassen und zwischen zwei Klarsichtfolien auf Blechgröße ausrollen. Eine Klarsichtfolie entfernen, Teigrondelle in das eingefettete Blech stürzen. Die zweite Folie entfernen.

2. Backofen auf 200 °C vorheizen.

3. Zwiebeln und durchgepresste Knoblauchzehen im Olivenöl andünsten. Den Spinat zugeben, zusammenfallen lassen. Mit Salz, Pfeffer und Thymian würzen, in einem Sieb abtropfen lassen. Spinat auf den Teigboden verteilen. Die Eier und den Rahm verrühren, darüber gießen. Mit den Oliven garnieren.

4. Den Spinatkuchen im vorgeheizten Ofen bei 200 °C auf mittlerem Einschub 35 bis 40 Minuten backen. Heiß servieren.

Bruschetta

dünne Weißbrotscheiben
Olivenöl nativ extra
Knoblauchzehen
Meersalz

1. Die Weißbrotscheiben im Ofen bei 220 °C oder im Toaster auf beiden Seiten bräunen.
2. Die getoasteten Brotscheiben mit Olivenöl beträufeln. Mit frisch gepresstem Knoblauch und mit Salz bestreuen.

Variante Olivenpaste, Seite 108, oder Paprikasauce, Seite 107, oder Tomaten und Rucola.

Mediterrane Muffins

für 8 Muffins

3 Freilandeier
1 1/2–2 dl/150-200 ml Milch
4 EL Olivenöl nativ extra
1 Prise Meersalz
1 TL Vollrohrzucker
1/2 TL phosphatfreies Backpulver
250 g Dinkel- oder Weizenruchmehl/
  Mehltype 1050
1 kleine Zwiebel, fein gehackt
50 g schwarze Oliven, gehackt
1 EL fein geschnittenes Basilikum
1/4 Tasse geriebener Parmesan
gehackte Rosmarinnadeln

1. Eier, Milch, Olivenöl, Salz und Zucker verrühren, das Backpulver und das Mehl zugeben, zu einem glatten Teig verarbeiten. Die restlichen Zutaten mit dem Teig vermengen.
2. Backofen auf 200 °C vorheizen.
3. Kleine Souffléförmchen mit Butter einstreichen. Den Teig einfüllen. Man kann auch Papierförmchen verwenden (3 Förmchen ineinander stecken). Mit wenig Parmesan bestreuen.
3. Die Muffins im vorgeheizten Ofen bei 200 °C auf der mittleren Schiene rund 20 Minuten backen.

Tipp Die noch warmen Muffins mit eingelegten Oliven, Artischocken und Tomaten servieren.

Zum Rezept Dieses feine Rezept stammt von Walter Graab, Menorca (E).

Abbildung

Sizilianisches Olivenbrot

750 g Dinkel- oder Weizenvollkorn-
   mehl/Mehltype 1800, fein gemahlen
1 Hefewürfel (42 g)
1 TL Akazienhonig oder Vollrohrzucker
1 1/2 dl/150 ml lauwarmes Wasser
500 g Fleischtomaten
0,7 dl/70 ml Olivenöl nativ extra
1 mittelgroße Zwiebel, fein gehackt
1 TL Meersalz
250 g entsteinte schwarze Oliven,
fein gehackt

GEBÄCK **103**

1. Das Mehl in eine Schüssel geben und eine Vertiefung formen.

2. Hefe und Honig im lauwarmen Wasser auflösen, in die Vertiefung gießen. 1 bis 2 Esslöffel Mehl unter die Hefe rühren. Die Schüssel mit einem feuchten Tuch bedecken, den Vorteig an einem warmen Ort 15 Minuten gehen lassen.

3. Die Tomaten an der Spitze kreuzweise einschneiden. In einem Schaumlöffel in kochendes Wasser tauchen, bis sich die Haut zu lösen beginnt, unter kaltem Wasser abschrecken. Tomaten schälen, den Stielansatz entfernen, klein würfeln. Die Tomatenwürfelchen zum Abtropfen in ein Sieb geben. Saft für eine Suppe oder einen Drink auffangen.

4. Die gehackten Zwiebeln in 2 Esslöffeln Olivenöl dünsten.

5. Das Salz und das restliche Olivenöl zum Vorteig geben, auf der Arbeitsfläche von Hand rund 10 Minuten kneten. Die Tomatenwürfelchen und die Zwiebeln einkneten. Den Teig in die Schüssel legen und bedecken, an einem warmen Ort rund 30 Minuten gehen lassen.

6. Den Ofen auf 220 °C vorheizen.

7. Aus dem Teig einen länglichen Laib formen und diesen auf ein eingefettetes Blech legen.

8. Blech auf mittlerem Einschub in den vorgeheizten Ofen schieben, das Olivenbrot 15 Minuten bei 220 °C, dann 30 bis 40 Minuten bei 200 °C backen.

Jogurt-Oliven-Dip

je 40 g entsteinte schwarze und grüne
  Oliven
1 Frühlingszwiebel
2 TL eingelegte grüne Pfefferkörner
300 g Jogurt natur
2 Knoblauchzehen
1 EL fein gehackte Petersilie
einige gehackte Sardellenfilets, nach
  Belieben
Meersalz
frisch gemahlener Pfeffer

1. Oliven und Frühlingszwiebel fein hacken, zusammen mit den grünen Pfefferkörnern unter den Jogurt rühren. Die Knoblauchzehen schälen und dazupressen. Die Petersilie und die Sardellen unterrühren. Mit Salz und Pfeffer würzen.
Tipp Dieser Dip passt zu Avocados, Tomaten und geräuchertem Fisch.

Rohkost mit Oliven-Peperoni-Dip

Rohkost
Stangensellerie, Peperoni-/
  Paprikaschotenstreifen,
  Zucchinischeiben/-stängel,
  Karottenstängel, Gurkenscheiben/
  -stängel, schwarze und grüne Oliven,
  Tomaten

Oliven-Peperoni-Dip
1 grüne oder rote Peperoni/Paprikaschote
100 g entsteinte schwarze Oliven
1/2 dl/50 ml Olivenöl nativ extra
1 EL Zitronensaft
1 EL fein geschnittenes Basilikum
frisch gemahlener Pfeffer
Meersalz

1. Für den Dip die Peperoni halbieren, den Stielansatz und die Kerne entfernen. Die Fruchthälften klein würfeln.
2. Die Zutaten für den Dip zu einer Paste verarbeiten, am besten geht das mit einem Rührstab/Stabmixer. Je nach Konsistenz mit Olivenöl verdünnen.
Tipps Mit Focacce, Rezept Seite 94, servieren. Auch ein Bauernbrot oder eine Baguette passen dazu. Mit Limonenöl abschmecken.

Abbildung

Salsa verde

2 EL Rotweinessig
2 dl/200 ml Olivenöl nativ extra
1 Zwiebel
40 g glattblättrige Petersilie
10 Basilikumblätter
3 Sardellenfilets
3 kleine Essiggurken
1 EL geröstete, fein gehackte Pinienkerne
1 EL fein gehackte Kapern
1 geschälte, durchgepresste Knoblauchzehe
Meeersalz
frisch gemahlener Pfeffer

1. Die Zwiebel schälen und fein hacken. Die Petersilie fein hacken, die Basilikumblätter in feine Streifen schneiden. Die Sardellenfilets und die Essiggurken hacken.

2. Rotweinessig mit dem Olivenöl verrühren. Sämtliche Zutaten zugeben. Mit Salz und Pfeffer abschmecken.

Tipp Zu Rohkost, Schalenkartoffeln, Fleisch oder Fisch servieren.

Zitronensauce

1 unbehandelte Zitrone, abgeriebene Schale und Saft
1 Prise Paprikapulver
1 Prise Meersalz
frisch gemahlener Pfeffer
$1/2$ TL Akazienhonig
6 EL Olivenöl nativ extra
2–3 EL Crème fraîche

1. Sämtliche Zutaten, ohne Crème fraîche, zu einer sämigen Sauce rühren. Nun auch die Crème fraîche unterrühren.

Tipp Harmoniert mit jungem Kopf- und Pflücksalat. Passt auch zu Spargel, Artischocken und gedämpftem Gemüse.

Peperonisauce

5 EL Olivenöl nativ extra
500 g rote Peperoni/Paprikaschoten
100 g Zwiebeln
150 g Tomaten
2 Knoblauchzehen
1 TL gezupfte Thymianblättchen
1–2 dl/100–200 ml Gemüsebrühe
Kräutermeersalz
frisch gemahlener Pfeffer
1 Bund Basilikum

1. Die Peperoni halbieren, Stielansatz und Kerne entfernen, Fruchthälften klein würfeln. Die Zwiebeln schälen und in feine Scheiben schneiden. Bei den Tomaten den Stielansatz entfernen, die Früchte vierteln oder achteln. Die Knoblauchzehen schälen und fein hacken.

2. Peperoni und Zwiebeln im Olivenöl bei schwacher Hitze weich dünsten. Tomaten, Knoblauch und Thymian beifügen und einige Minuten mitdünsten. Die Gemüsebrühe angießen, 15 Minuten bei schwacher Hitze kochen. Das Ganze durch das Passetout/Passevite drehen und mit Kräutersalz und Pfeffer würzen. Das Basilikum fein schneiden, unterrühren.

Tipp Passt zu Gemüse, Reis, Fleisch und Fisch. Auch als Brotaufstrich geeignet.

Abbildung

Thunfischpaste

1 kleine Dose Thunfisch
2 EL Kapern
3 Sardellenfilets
100 g entsteinte schwarze Oliven
1½ dl/150 ml Olivenöl nativ extra

1. Thunfisch, Kapern, Sardellenfilets und Oliven im Cutter (Moulinette) fein hacken. Das Ganze in eine kleine Schüssel geben und mit dem Olivenöl zu einer Paste rühren.

Olivenpaste

200 g entsteinte schwarze Oliven
2 EL Kapern
3 Sardellenfilets
1–2 zerkleinerte Knoblauchzehen
1½–2 dl/150–200 ml Olivenöl nativ extra

1. Oliven, Kapern, Sardellen und Knoblauch im Cutter (Moulinette) fein hacken. Das Ganze in eine kleine Schüssel geben und mit dem Olivenöl zu einer Paste rühren.

Tipp Passt zu geröstetem Brot sowie zu Rohkost. Die Olivencreme hält sich in einem Glas mit Schraubverschluss im Kühlschrank einige Tage frisch.

Aioli – Knoblauchmayonnaise

2 Knoblauchzehen
2 Eigelbe von Freilandeiern
Meersalz
frisch gemahlener Pfeffer
2 1/2 dl/250 ml Olivenöl nativ extra

1. Die Knoblauchzehen schälen und im Mörser zerstoßen oder durch die Knoblauchpresse drücken. Eigelbe dazugeben, mit Salz und Pfeffer würzen. Das Olivenöl langsam und in kleinen Portionen unterrühren.

Tipp Aioli zu Gemüsegerichten aller Art servieren, z. B. Grillgemüse oder Rohkost.

Malteser Knoblauchpaste

1 ganze Knoblauchknolle
Olivenöl nativ extra
Meersalz

1. Den Knoblauch quer halbieren. Die Hälften mit der Schnittfläche nach oben in eine ofenfeste Form legen, im vorgeheizten Ofen bei 180 °C sehr weich garen, rund 30 Minuten.
2. Das Knoblauchmark auskratzen und mit Olivenöl zu einer Paste verrühren. Nach Belieben mit Salz würzen.

Tipp Als Brotaufstrich oder zum Würzen verwenden.

Küchenfertiger Knoblauch

1 Knoblauchknolle
Olivenöl nativ extra

1. Die Knoblauchzehen schälen und durchpressen. Mit so viel Olivenöl verrühren, dass eine Paste entsteht. Die Paste in ein Glas mit Schraubverschluss füllen und kühl stellen.

Tipp Diese Vorratshaltung habe ich bei Profiköchen gesehen. So hat man jederzeit frischen Knoblauch.

Kräuteröl

Wer das Aroma gartenfrischer Kräuter auch während der kalten Jahreszeit schätzt, kann die Kräuter in Olivenöl nativ extra einlegen. Kräuteröle in einer hübschen Flasche sind auch ein schönes Geschenk.

■ Kräuter und Gewürze in eine Flasche füllen. Mit Olivenöl nativ extra auffüllen. Die verschlossene Flasche an einen warmen, aber nicht heißen Ort stellen und 5 bis 6 Wochen ziehen lassen, bis das Öl den Geschmack der Gewürze und Kräuter angenommen hat.

■ Thymian- und Rosmarinöl passen zu Nudelgerichten.

■ Knoblauch-/Peperoncini-/Rosmarinöl passt zu Grilladen.

■ Minze-/Knoblauch-/Kreuzkümmelsamen-/Koriandersamen-/Nelken-/Muskatnussöl gibt orientalischen Gerichten Pfiff.

Die Oliven

in der Naturheilkunde

Gesundheit und Prävention – gestern und heute

Das Olivenöl wird im Mittelmeerraum seit über 4000 Jahren als Gesundheitselixier geschätzt. Ramses II., welcher von 1290 bis 1224 v. Chr. in Ägypten herrschte, soll bei Beschwerden dem Olivenöl vertraut haben.
Auch Plinius empfahl dem Menschen zwei Flüssigkeiten: den Wein für die innere und das Olivenöl für die äußere Anwendung. Demokrit beantwortete die Frage, wie man gesund bleiben und zudem alt werden könne, mit der diätetischen Regel: Innerlich Honig und äußerlich Öl. Ähnlich lautete die Antwort eines Römers auf die Frage von Kaiser Augustus, wie er es geschafft habe, über 100 Jahre alt zu werden: «Innerlich durch den Wein mit Honig und äußerlich durch das Öl.»

Weitere geschichtliche Quellen In der Bibel finden wir etliche Hinweise auf die heilkundliche Anwendung von Olivenöl. Es wurde unter anderem in der Körper- und Krankenpflege eingesetzt. In der arabischen und in der griechischen und römischen Medizin findet man das Olivenöl ebenfalls, sei es als Basis von Salben, Balsam und Ölen. Das Olivenöl wurde zur Wundbehandlung und bei Verbrennungen eingesetzt. Mit Olivenöl stillte man blutende Wunden, linderte Juckreiz und trug es bei Nesselstichen auf. Auch spröde Haut wurde damit behandelt. Bei Kopfschmerzen half eine Olivenöl-Massage.
Innerlich setzte man auf das Olivenöl bei Vergiftungen, bei Magen-Darm-Beschwerden, Unterleibserkrankungen und zur Förderung der Menstruation.

Hildegard von Bingen In der westlichen Heilkunde ist das Olivenöl seit dem 12. Jahrhundert als Heilmittel bekannt und anerkannt. Hildegard von Bingen hat es bei verschiedenen Beschwerden eingesetzt. Sie verwendete vor allem die Blätter und das Holz des Olivenbaumes als Heilmittel. Sie empfahl die Baumrinde bei Gicht, die Blätter bei Magenerkrankungen und das Öl bei Kopf- und Lendenschmerzen sowie bei Verkrampfungen und zur äußerlichen Anwendung. Sie riet jedoch: «Das Öl, aus der Frucht des

Ölbaums gepresst, taugt nicht sehr viel, wenn man es isst, weil Brechreiz auftritt und es die Speisen beim Essen schwerer macht.»

Hildegard von Bingen würde heute ihre Meinung bezüglich Olivenöl bestimmt revidieren, nachdem man weiß, dass es gerade wegen der guten Verträglichkeit und seiner Reinheit für den menschlichen Körper von unschätzbarem Wert ist. Das Öl dürfte zu ihrer Zeit nach der langen Reise vom Süden in das Rheinland schon alt gewesen sein und geschmacklich gelitten haben.

Rudolf Steiner Er empfahl bei medizinischen Lesungen Wein, Honig und Olivenöl als gesunde Lebensmittel und für Heilzwecke. Vor allem der Wein und das Olivenöl sind Bestandteil der heute viel gelobten mediterranen Ernährung.

Phänomen Kreta Die Bewohner der Insel konsumieren mehr Fett als alle anderen Menschen auf der Erde. Fast 50 % der täglichen Kalorien decken sie mit Fett. Davon entfallen mehr als $2/3$ auf Olivenöl. Nach dem heutigen Stand der Wissenschaft müssten die Bewohner Kretas wegen des hohen Fettkonsums häufiger an Herzkrankheiten leiden als andere Völker. Aber das Gegenteil ist der Fall. Die Bevölkerung weist eine der niedrigsten Raten an Herzerkrankungen und Krebleiden auf. Wissenschaftler, die dem Geheimnis der Langlebigkeit der Bevölkerung Kretas auf die Spur kommen wollen, stoßen unweigerlich auf das Olivenöl. Auf der Insel Kreta wird mehr Olivenöl pro Kopf verbraucht als irgendwo sonst auf der Welt. Nicht weit dahinter rangieren alle anderen Länder mit mediterraner Küche.

Cholesterin In den letzten Jahren haben zahlreiche epidemiologische und biochemische Studien in der Ernährungswissenschaft nachgewiesen, dass gesättigte Fettsäuren, wie sie vor allem im tierischen Eiweiß vorkommen, bei der Steigerung des Gesamtcholesterins besonders die Menge des LDL-Cholesterins (schlechte beziehungsweise gefährliche Cholsterinfraktion) erhöhen. Gleichzeitig wird das HDL (High Densitiy Lipoproteine), auch gutes Cholesterin genannt, reduziert. LDL-Cholesterin führt zur Ablagerung von fettigen Substanzen an den Innenwänden der arteriellen Blutgefäße. Vorzeitige Arteriosklerose mit dem Verlust der Gefäßelastizität und schlechte Durchblutung sind die Folge.
Typische Krankheiten sind koronare Herzkrankheiten mit Angina Pectoris, Herzinfarkt, Durchblutungsstörungen des Gehirns mit vorzeitigem Nachlassen des Kurzzeitgedächtnisses und Schlaganfall. Ein hoher HDL-Cholesterinwert reduziert das Infarktrisiko, ein niedriger HDL-Spiegel gilt als Risikofaktor.

Schutz für das Herz Das Olivenöl besteht zu ca. 80 % aus einfach ungesättigten Fettsäuren (Oleinsäuren) und zu ca. 10 % aus mehrfach ungesättigten Fettsäuren. Nur max. 10 % sind gesättigte Fettsäuren. Bisher ging man davon aus, dass sich nur mehrfach ungesättigte Fettsäuren auf den Cholesterinspiegel positiv auswirken und einfach ungesättigte Fettsäuren sich bezüglich Cholesterin neutral verhalten. Aus diesem Grund hat man das Olivenöl zur Senkung des Cholesterinspiegels lange gar nicht empfohlen. Forschungen haben gezeigt, dass die Völker im mediterranen Raum trotz kalorienreicher Ernährung und einem hohen Fettkonsum (vor allemin Form von Olivenöl) eine niedrigere Herzinfarktrate und einen im Durchschnitt niedrigeren Cholesterinspiegel als die Vergleichsbevölkerung im übrigen Europa aufweisen. Die sonst so hochgepriesenen Pflanzenöle mit einem großen Anteil an mehrfach ungesättigten Fettsäuren wie z. B. Distel- und Sonnenblumenöl senken immer den Gesamtcholesteringehalt mit dem wertvollen HDL, was jedoch unerwünscht ist. Deshalb sollte zur Regulation von erhöhten Cholesterinwerten in der Ernährungstherapie das Olivenöl eingesetzt werden.
1 Esslöffel Olivenöl soll die cholesterinsteigernde Wirkung von zwei Hühnereiern aufheben. 4 bis 5 Esslöffel Olivenöl täglich verbessern das Blutbild von Herzinfarktpatienten sichtbar. $^2/_3$ Esslöffel täglich senken gemäß einer Studie bei Männern den Blutdruck.

Diabetes Die traditionelle mediterrane Küche erfüllt alle Anforderungen einer gut abgestimmten Diabetes-Ernährung. Vor allem reichlich Gemüse und komplexe Kohlenhydrate wirken sich beim Diabetiker positiv aus.

Übergewicht Bei mediterraner Ernährung, die häufig den Grundsätzen der Trennkost (Trennung von tierischem Eiweiß und Kohlenhydraten in einer Mahlzeit) entspricht, kann Übergewicht auf eine gesunde Art reduziert werden. Menschen, die wegen Übergewicht kaum mehr Fett zu sich nehmen, laufen Gefahr, dass ihr Stoffwechsel aus dem Gleichgewicht gerät. Dadurch werden Gewichtsprobleme geradezu gefördert.

Leicht verdaulich Olivenöl ist für den Menschen besonders wertvoll, weil sein Schmelzpunkt dem der menschlichen Fettbildung ähnlich ist und die Zusammensetzung des Unterhautfettgewebes etwa derjenigen von Olivenöl entspricht.

Fette sind um so leichter verdaulich, je mehr sich der Schmelzpunkt dem der menschlichen Körpertemperatur nähert. Unter diesem Gesichtspunkt hat das Olivenöl fast Idealwerte, gefolgt von der Butter, die bei 37 °C schmilzt. Da das Olivenöl zudem leicht emulgiert, kann es auch in der menschlichen Verdauung leicht aufgespalten werden. Bei einer Leber-Galle-Diät sollte das Olivenöl das bevorzugte Fett sein.

Übrigens ist das Olivenöl auch allen Menschen mit Magenübersäuerung zu empfehlen. Hochwertiges Olivenöl hat eine säuresenkende Wirkung. In Italien werden den mit der Herstellung des Olivenöls Beschäftigten dem morgendlichen Orangensaft immer einige Tropfen Öl beigefügt.

Selbst bei Patienten mit Magen- und Darmgeschwüren verbesserte sich das Krankheitsbild beim regelmäßigen Konsum von Olivenöl. Es ist also alles andere als schwer verdaulich.

Prävention gegen Krebs Das Olivenöl macht die Zellmembran widerstandsfähiger; die Zellen werden so gegen die Zerstörung durch die sogenannten «freien Radikale» besser geschützt. Man vermutet, dass die im Olivenöl enthaltenen Antioxydantien, wenn sie von den menschlichen Zellen in ausreichendem Maß absorbiert werden, Angriffe abwehren können. Olivenöl hat mit seiner verdauungsfördernden Wirkung noch weitere Vorteile. Man weiß, dass bei einer Verstopfung Giftstoffe im Darm zurückbleiben und sich im Organismus ausbreiten können. Dies kann auch die Entstehung von Darmkrebs begünstigen. Dass sich Olivenöl respektive mediterrane Ernährung positiv auf Krebsleiden auswirken, zeigen Untersuchungen über die Krebssterblichkeit in Nord- und Westeuropa. In letzteren ist diese generell höher als in den Mittelmeerländern.

Basis für Heilöl In der Naturheilkunde wird das Olivenöl vor allem für die Herstellung fettlöslicher Arzneimittel verwendet. Es ist aber auch Basis von Johannisöl (beruhigend), Königskerzenöl (entzündungshemmend), Rosmarin- und Apfelknospenöl (durchblutungsfördernd), Majoranöl (verdauungsanregend), Fenchelöl (schleimlösend). Außerdem kann das Olivenöl als Basisöl zur Herstellung verschiedener Massageöle verwendet werden.

Olivenblatt Das Olivenblatt (Folia oleae) wird als Blattknospe oder als ausgebildetes Blatt geerntet und für Tees und Tropfen verwendet. Beide senken den Blutdruck.

Kleinkinder-Ernährung Untersuchungen in England haben gezeigt, dass die im Olivenöl enthaltene Oleinsäuren in der frühen Ernährung von Säugetieren und neugeborenen Kindern eine der wichtigsten Aufgaben beim Zellaufbau zukommt. Die Oleinsäure wirkt sich auch positiv auf die Lernfähigkeit aus. Stillende Mütter sollten täglich genügend Olivenöl zu sich nehmen, damit der Gehalt der lebenswichtigen Oleinsäure in der Muttermilch steigt. Selbstverständlich gilt das auch für die Zeit der Schwangerschaft.

Mittlere Fettsäurezusammensetzung der Pflanzenfette
(In % der Gesamtfettsäuren)

	gesättigte Fettsäuren	einfach ungesättigte Fettsäuren	zweifach ungesättigte Fettsäuren	mehrfach ungesättigte Fettsäuren
Kürbiskernöl	9	34	55	2
Sonnenblumenöl	12	23	65	
Distelöl	12	13	75	
Sesamöl	13	42	45	
Sojaöl	15	27	50	8
Olivenöl	16	76		8
Maiskeimöl	17	24	59	
Palmöl	47	43	10	
Kokosfett (Kopra)	96	4		

Die Oliven-Hausapotheke

Olivenöl – äußerliche Anwendung

Abszesse, Nagelerkrankungen, Verbrennungen, Wunden, Insektenstiche, aber auch rheumatische Beschwerden aller Art können mit Olivenöl behandelt und gelindert werden. Das Öl wird auf die schmerzenden Stellen oder Gelenke aufgetragen und eingerieben. Wickel und Packungen, Badezusatz und Klistier sind ebenfalls möglich. Das Olivenöl im Wasserbad stets leicht erwärmen. Körperwarmes Öl entfaltet übrigens eine bessere Wirkung.

Die Italiener reiben bei Muskelkater, Krämpfen, Pusteln, Schmerzen aller Art und zur Entspannung Olivenöl ein. Edgar Cayce, der große Heiler, hat das Olivenöl als eines der wirkungsvollsten Mittel zur Anregung der Muskeltätigkeit und der Schleimhäute empfohlen. Es löst Verhärtungen und wärmt.

René A. Strassmann empfiehlt in seinem Buch «Baumheilkunde», die Lebertätigkeit mit Olivenöl-Kompressen zu unterstützen, und zwar nachts und während 2 bis 3 Wochen. Das stärkt die Leber, reinigt den Organismus und regt gleichzeitig den Gallenfluss an. Zur Festigung von Muskulatur und Bandscheiben empfiehlt er, die Wirbelsäule täglich mit Olivenöl einzureiben.

Geburtshilfe
Das Olivenöl wurde schon immer in der Geburtshilfe eingesetzt, d. h. Damm und Scheide werden vor der Geburt mit Olivenöl eingerieben.

Olivenöl – innerliche Anwendung

Mundspülungen
Morgens einen Esslöffel Olivenöl nativ extra in den Mund nehmen und während mindestens 10 Minuten, besser 20 Minuten, kauen. Das Öl danach ausspucken. Diese Kur entgiftet und reinigt den Organismus.

Morgentrunk
Zwei Teelöffel Olivenöl nativ extra zusammen mit einem Glas lauwarmem Wasser und sechs Tropfen Zitronensaft trinken. Das macht fit und munter.

Räucherungen mit Olivenblättern und Olivenholz

Beim Räuchern mit Olivenblättern und Olivenholz kommen wir dem Wesen Olivenbaum sehr nahe (Strassmann, Baumheilkunde). Räucherungen helfen Frieden und Ruhe zu finden und Körper, Geist und Seele zu stärken.

Tee aus Olivenblättern

Hilft bei der Bewältigung von Stress und bei Beschwerden während der Menopause.

Teekur während 7 Tagen

Täglich: 20 g Olivenblätter und 1 Liter Wasser aufsetzen und auf 2,5 dl/250 ml einkochen lassen. Über den Tag verteilt trinken.

Kaltauszug während 2 x 3 Wochen

20–40 g Olivenblätter über Nacht in kaltem Wasser ziehen lassen. Am Morgen kurz erwärmen und abseihen. Über den Tag verteilt während 3 Wochen trinken, dann 1 Woche Pause machen und nochmals 3 Wochen fortfahren.

Intensiv-Reinigungskur

Morgens und abends eine Tasse Tee aus Olivenblättern trinken. Während der Nacht eine Leberkompresse aus Olivenöl (Seite 117) auflegen, morgens eine Mundspülung mit Olivenöl (Seite 118) machen. Dauer der Kur: 3 Wochen.

Oliven in der Bachblüten-Therapie

Die Bachblüte «Olive» wird bei körperlicher, geistiger und seelischer Überanstrengung verabreicht. Sie schenkt Kraft und Vitalität.

Der Olivenbaum für die Seele

Wer unter einem alten Olivenbaum meditiert, dem wird Kraft und Energie geschenkt. Nicht umsonst nennt man den Olivenbaum auch «Lebensbaum». Die Olive hilft dem Menschen zudem, die eigenen Grenzen zu erkennen und zu akzeptieren. Das Holz des Olivenbaums ist hart, zudem robust und sehr widerstandsfähig. Die für den Baum typische Lebendigkeit lebt im Holz weiter. Das Olivenholz hilft bei Müdigkeit und mangelnder Energie Kraft zu tanken. René A. Strassmann schreibt im Buch «Baumheilkunde»: «Ich bin überzeugt, dass all jene Menschen, die beruflich stark engagiert sind, hin und wieder auf einem Stuhl aus Olivenholz sitzen sollten, um Energie zu tanken.»

Stichwortverzeichnis

A

Abruzzen 18
Abszess 118
Afrika 26
Ägäis 20
Angina pectoris 115
Akropolis 21
Apulien 18
Aroma 42
Arteriosklerose 115
Athene 21

B

Bachblüte 119
Backen 43
Badezusatz 118
Bandscheibe 118
Basisöl 117
Baumrinde 112
Befruchtung 23
Bio-Anbau 22
Bio-Qualität 32
Blut stillen 112
Blutdruck 117
Blüte 23
Brandwunde 112, 118
Braten 43
Botanik 22

C

Chianti-Gebiet 18
Cholesterin 115
Comer See 18

D

Darmkrebs 117
Degustation 39
Diabetes 116
D.O.C. 36
Durchblungsstörungen 115

E

Ernährung, Kleinkinder- 117
Ernte 28
Erntezeit 23, 28
Etikette 45
EU-Verordnung 34

F

Fettsäuren, freie 28, 31, 32
Fettsäuren, gesättigte 115
Florentiner Hügel 18
Frankreich 19, 26
Friedenssymbol 21
Frittieren 43

G

Gallenfluss 118
Gardasee 18
Geburtshilfe 118
Geschmacksprüfung 31, 42
Gicht 112
Griechenland 19, 26

H

Handelsklassen 33
Haut, spröde 112
Heilöl 117
Heiltee 119
Herzinfarkt 115
Herzkrankheit 113, 115
Hitzestabilität 43

I

Insektenstich 118
Italien 18, 26

J

J.G.P. 36
Juckreiz 112
Jungpaläolithikum 20

K

Kalabrien 18
Kaltpressung 31
Keltischer Baumkreis 21
Kleinasien 20
Klima 23
Klistier 118
Kolumbus 21
Kopfschmerzen 112
Körperpflegemittel 20
Krampf 118
Krebs 113, 116
Kreta 19, 21, 113
Kultur, jüdische 20
Kurzzeitgedächtnis 115

L

Lagerung 44
Lampantöl 35
Leber 118
Leber-Gallen-Diät 116
Lendenschmerzen 112
Levante 18
Lichtquelle 20
Ligurien 18
Livorno 18
Lucca 18

M

Magen-Darm-Beschwerden 112
Magenerkrankung 112
Magenübersäuerung 116
Mahlen 29
Maische 29
Menopause 119
Menstruation, fördernd 112
Midi 19
Mittelamerika 26
Morgentrunk 118
Mundspülung 118, 119
Muskeln 118

N

Nagelerkrankung 118
Nesselstich 112
Nordafrika 20
Nordamerika 26

O

Olivenblatt 112, 117, 119
Olivenholz 21, 119
Olivenöl, frisches 33
Olivenölverbrauch 27
Ölmühle 28
Ölschlamm 29
Opfergabe 20
Organoleptik 31

P

Packung 118
Palästina 20
Paneltest 37
Portugal 26
Pressung 29
Pressverfahren 31, 32
Produktionsgebiete 27

Q

Qualität 31, 37, 42

R

Räucherung 119
Rheuma 118

S

Salbung 20
Sizilien 19
Spanien 18, 19, 26
Speiseolive 46
Südamerika 26
Syrien 20, 26

Sch

Schlaganfall 115
Schleimhäute 118
Schwangerschaft 117
Schwarzmarkt 36

St

Stillen 117
Stress 119

T

Teekur 119
Toskana 18
Trennkost 116
Tropföl 35
Türkei 26

U

Übergewicht 116
Umbrien 18
Unfiltriert 29
Unterleibserkrankung 112

V

Verdauung 116
Verstopfung 116

W

Wärmequelle 20
Wickel 118
Wundbehandlung 112, 118

Literatur

*Bosi, Roberto: L'Olio-Olivenöl.
Edition Spangenberg bei Droemer Knaur*

*Carper, Jean: Nahrung ist die beste Medizin.
Econ*

*Degner, Rotraud: Olivenöl.
Ein Guide für Feinschmecker. Heyne*

*Gordon-Smith Claire: Olivenöl,
Der besondere Geschmack. Droemer Knaur*

Hartner, Heide: Olivenöl und Oliven. Econ

*Hofmann, Ilse: Unterlagen von Bonefro,
Nicola di Capua, zum Thema Olivenöl in der
Naturheilkunde*

*Kleinehanding, Brigitte: Der Ölbaum,
Symbol des Lebens. Braus*

*Pelikan, Wilhelm: Heilpflanzenkunde,
Band 2, Philosophisch anthroposophischer
Verlag, Goetheanum*

*Renzenbrink, Udo: Ernährungskunde aus
anthroposophischer Erkenntnis.
Rudolf Gering*

*Romano, Marco: Diplomarbeit
«Der Olivenölmarkt», 1994.*

*Schmidt, Gerhard: Dynamische Ernährungs-
lehre, Band 2. Proteus*

*Schäfer Schuchardt, Horst: Die Olive.
DA Das Andere*

*Scott, Cunningham: Magie in der Küche.
Smaragd*

Strassmann, René A.: Baumheilkunde. AT

*Tolley, Emelie. Mead, Chris: Kräuter.
Du Mont*

*Vescoli, Michael: Keltischer Baumkreis.
Edition Kürz*

Wolfram, Kathrin: Die Ölziehkur. Goldmann

Tre Mulini: «Olivenöl Zytig», Zürich

*Diverse Broschüren der Oleificio Sabo in
Manno und Pistor AG in Rothenburg*

Rapunzel, Produkteinformation über Öle

Diverse Zeitungsartikel zum Thema Olivenöl

*Fachunterlagen über Olivenöl der Firma
Biocampo, Lugano*

*Fachpublikation der Euroscience
Communication Frankfurt, Kampagne zur
Förderung des Olivenölverbrauchs*

Bezugsquellen empfehlenswerter Olivenöle nativ extra (extra vergine)

Verkauf CH: Bioladen, Reformhaus, Delikatessengeschäfte, Warenhäuser mit Gourmet-Abteilungen – oder direkt bei den Produzenten bzw. Importeuren.

Aktuelle Informationen zu den Olivenöltests: www.oliveoilaward.ch

IMPORTEURE

**R. + H. Neuenschwander AG
Konsumentendienst
3308 Grafenried-Bern
Tel. 031 760 10 13
www.neuco-food.ch**

Gepflegte Auswahl an hochstehenden italienischen Olivenölen. Exklusiv: «Olio extra vergine di Oliva Biancardo», süss, weiss, luxuriös: Die Olivenöl-Spätlese. Nähere Informationen beim Konsumentendienst.

**GUSTOSO GmbH,
Le cose buone d'Italia
Boningerstrasse 9, 4629 Fulenbach
Tel. 062 926 20 00
www.gustoso-delicatessen.com**

Direkt-Importeur von qualitativ hochstehenden italienischen Olivenölen aus zumeist kleineren Familienbetrieben.

**Essenz GmbH
Luzernstrasse 64, 6208 Oberkirch
041 920 23 70
www.essenz-spezialitaeten.ch**

Import auserlesener sowie ausgezeichneter Olivenöle von verschiedenen, vorwiegend italienischen Produzenten.

**Oliviers & Co
Limmatquai 36, 8001 Zürich
Tel. 043 243 66 86
oliviers.co@worldcom.ch**

Alles rund um die Olive, darunter verschiedene vorzügliche Olivenöle aus Frankreich, Italien, Spanien, Griechenland und der Türkei. Aromaöle Basilikum, Zitrone, Mandarine, Chilipfeffer.

**L'Olio d'Oliva Di Bennardo
Langstrasse 14, 8004 Zürich
Tel. 01 451 04 65
www.dasolivenoel.ch**

Mehrfach ausgezeichnetes Olivenöl aus familieneigenem Anbau, intensiv fruchtig, blumiges Aroma.

OLIVENÖL-BEZUGSQUELLEN

MGM Group Corporation
Räffelstrasse 25, 8045 Zürich
Tel. 044 466 55 55
www.mgm-group.com

Import und Distribution von hochwertigen, mehrfach ausgezeichneten Olivenölen aus Italien und Spanien, delikat bis intensiv; teilweise aus biologischem Anbau.

Cantina Terra Verde
Am Wasser 55, 8049 Zürich
Tel. 01 341 97 86
www.terraverde.tv

Harmonisches biologisches Olivenöl aus dem Cilento, Italien. Spezialitäten: Aromatisiertes Olivenöl Salbei, Peperoncini, Rosmarin, Oregano, Zitronen

Zweifreunde, suter & frei
Römerstrasse 208
8404 Winterthur
www.zweifreunde.ch

Ein mildes, leichtes und überraschend fruchtiges Olivenöl aus griechischem Familienbetrieb.

Le delizie Di Capua – Bonefro
Oberdorfstrasse 32, 8424 Embrach
Tel. 044 865 2929
www.ledelizie.ch

Ausgezeichnetes Olivenöl aus Eigenproduktion (Bonefro, Reg. Molise-Italien): blumig-fruchtig, frisch, leicht nussig. Spezialitäten: Aromaöle.

Sizilianische Delikatessen AG
La Boutique dell' Olio
Bahnhofstrasse 293, 8623 Wetzikon
Tel. 01 930 20 72, www.siz-deli.ch

Import exklusiver, langjährig prämierter Olivenöle aus kleinen sizilianischen Familienbetrieben, teilweise biologischer Anbau, im Aroma sehr fruchtig, frisch und aromatisch (mittel bis intensiv).

Somona
Bodenackerstrasse 51, 4657 Dulliken
Tel. 062 295 46 46
www.somona.ch

Verschiedene hochwertige Bio-Olivenöle aus Griechenland, Umbrien, Sardinien und Rioja. Verlangen Sie den kostenlosen Oliven-Guide.